AF235640

Richard Deiss

Wo ein Villach ist, ist auch ein Weg

100 Städte in den Alpenländern, welche man kennen sollte

E-Mail-Adresse des Autors:
richard.deiss@gmail.com

Anregungen und Verbesserungsvorschläge sind willkommen und werden in der nächsten Ausgabe berücksichtigt.

Herstellung und Verlag: BoD - Books on Demand
Norderstedt
Zweite Auflage 2022, Originalausgabe

©Richard Deiss, Berlin 2022

Printed in Germany

ISBN   978-3-7557-729-03

Der Inhalt des Buches entspricht der Privatmeinung des Autors.

Bibliografische Information der Deutschen Nationalbibliothek
Die Deutsche Nationalbibliothek verzeichnet diese Publikation in der Deutschen Nationalbibliografie; detaillierte bibliografische Daten sind im Internet über http://dnb.d-nb.de abrufbar

Inhalt

Vorwort

Schon als Student war ich mit einer DB-Netzkarte unterwegs und besuchte etliche Städte in Deutschland. Später fasste ich das ehrgeizige Ziel, die Zahl von 1000 besuchten Städten in Deutschland zu erreichen, was ich im Herbst 2015 schaffte. Seit Frühjahr 2020 publizierte ich dann insgesamt 6 Bücher, um Reiseeindrücke zu den besuchten deutschen Städten zu skizzieren. Außerhalb Deutschlands habe ich als Allgäuer auch in den Alpenländern bereits zahlreiche Städte besucht. Meine erste Auslandsreise als Kind ging nach Österreich, was nur wenige km von meinem Heimatort Argenbühl entfernt lag. Anfang der 90er Jahre lebte ich zwei Jahre in Zürich und besuchte etliche Schweizer Städte.

Die Zahl der in den Alpenländern besuchten Orte reicht gerade, um ähnlich wie zu deutschen Regionen, ein Büchlein zu den Top-100 Städten zu machen. Das sind jeweils etwa 50 Orte in Österreich und in der Schweiz und Liechtenstein. 30 weitere Orte werden im Buch kurz erwähnt.

Zur zweiten Auflage habe ich Städtelücken im Thurgau und im Kanton St. Gallen geschlossen. In der Ostschweiz habe ich jetzt alle Städte (über 10 000 Einwohner) besucht.

Das Büchlein hat nicht die Intention, in die Tiefe zu gehen oder ein Reiseführer zu sein. Es handelt sich um Städte- und Reiseimpressionen, welche jedoch im Laufe der Zeit nach neuen Reisen und Einblicken ausgebaut werden sollen. Was Fotos betrifft, musste ich oft auf simple Smartphone-Schnappschüsse zurückgreifen.

Ich hoffe, der Leser findet trotz dieser bescheidenen An-sprüche, dennoch manches Interessante im Büchlein.

Wuppertal im März 2022
Richard Deiss

4

Zur zweiten Auflage neu besuchte Städte

Zur zweiten Auflage habe ich vor allem Städtelücken in der Ostschweiz geschlossen. Im Thurgau habe ich die fehlenden 6 von insgesamt 8 Städten besucht: Amriswil (wenig sehenswert), Steckborn (schöne Lage am Untersee) und die in die Top-100 aufgenommenen vier schönen Städte Bischofszell, Diessenhofen, Weinfelden und Frauenfeld.

Im Kanton St. Gallen sind zu den bereits besuchten Städten folgende Orte mit mehr als 10 000 Einwohnern hinzugekommen: Wil, Gossau und Uzwil. Wil mit seiner großen Altstadt nehme ich in der Neuauflage in die Top-100 auf. Im Kanton Appenzell-Ausserrhoden habe ich den Hauptort Herisau besucht. Die bewegte Topografie, die Altstadt und der Robert-Walser-Weg rechtfertigen eine Aufnahme dieses Ortes (ohne Stadtstatus) in die Top-100.

Top-100 Ort	Gründe für die Aufnahme
Frauenfeld	• Hauptstadt des Thurgaus • Gut erhaltene Altstadt
Weinfelden	• Interessante Architektur • Fachwerkhäuser
Diessenhofen	• Geschlossene historische Altstadt • Lage am Rhein
Bischofszell	• Geschlossene historische Altstadt • Topografie
Herisau	• Hauptstadt von Appenzell-AR • Robert-Walser-Weg • Topografie, Eisenbahnviadukt
Wil	• Große Altstadt

Aus der Liste der Top-100 Städte gelöscht: Arbon, Uster, Davos, Pontresina, Riehen.

5

1. Österreich

In Österreich habe ich bisher fast 100 Orte besucht, 66 von 201 Städten (also fast ein Drittel) und etwa 30 andere Gemeinden. In Vorarlberg habe ich alle Städte gesehen, in Tirol alle Städte mit Ausnahme von Imst und Lienz, in Salzburg die meisten Städte. Im schlechter erreichbaren Kärnten und im Burgenland habe ich dagegen bisher erst jede sechste Stadt gesehen. Am häufigsten war ich in Wien, mehr als 20 x. In Salzburg, Innsbruck Linz und in Bregenz war ich bereits etwa 10x. Die anderen Landeshauptstädte habe ich erst ein- oder zweimal besucht. Die Top-Städte sind für mich Wien, Salzburg, Innsbruck und Graz. Aber auch Linz sollte nicht unterschätzt werden und Klagenfurt und Bregenz sind auch eine Reise wert. Was Mittel- und Kleinstädte betrifft sind Steyr, Krems und Hall in Tirol sehenswert. Dazu kommen pittoreske Dörfer, vor allem Hallstatt ist weltweit bekannt.

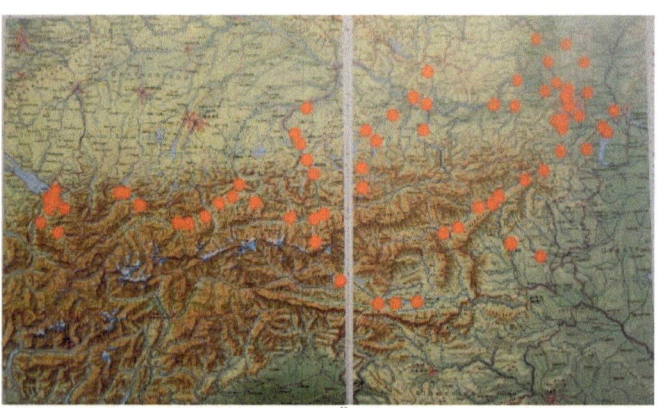

Karte, welche alle von mir in Österreich besuchten Städte zeigt (rote Punkte). Da ich meistens mit der Bahn unterwegs war, liegen viele der Orte entlang von Bahnlinien.

6

1.1 Wien

Wien ist für mich die interessanteste und sehenswerteste Stadt im deutschsprachigen Raum. Das Kulturangebot ist hier phänomenal und wird nur von Berlin erreicht. In der ehemaligen Hauptstadt der klassischen Musik gibt es gleich drei Opernhäuser, plus eines im Umland (Baden) und die Wiener Philharmoniker gehören zu den besten Orchestern der Welt. Was Theater betrifft, nimmt das Burgtheater eine führende Rolle im deutschsprachigen Raum ein. In Bezug auf Kunstmuseen übertrifft keines in Mitteleuropa das Kunsthistorische Museum was die Sammlung Alter Meister betrifft. Die übrige Museumslandschaft ist zudem sehr vielfältig. Obwohl es Kriegszerstörungen gab, ist, besonders im 1. Bezirk, das Stadtbild historisch weit geschlossener als in deutschen Großstädten. Es ist zudem von einer Barock- und Jahrhundertwendepracht, die in Mitteleuropa ihresgleichen sucht. Wien hatte bereits um 1900 2 Millionen Einwohner und war damit drittgrößte Stadt Europas. Zudem war es Hauptstadt eines Vielvölkerstaates, was es geschichtlich und kulturell interessanter macht als eine monokulturelle Stadt wie etwa München.

Lange an der Peripherie Westeuropas gelegen, boomt Wien seit dem Fall des Eisernen Vorhangs mit der heute zentralen Lage im östlichen Mitteleuropa. Die Bevölkerungszahl ist bereits von 1.5 Millionen im Jahr 1990 auf 1.9 Millionen im Jahr 2020 gewachsen und Wien hat mittlerweile Hamburg als zweitgrößte deutschsprachige Stadt überholt. Von Wien ist man schnell mit dem Zug in Ungarn, in der Slowakei und in Tschechien, ein weiterer Grund, weshalb ich immer gerne in diese Stadt reise. Auch kulinarisch hat Wien viel zu bieten, mit vielen ost- und südosteuropäischen Einflüssen und einer Bäcker- und Konditorkultur. Allein die berühmten Kaffeehäuser sind bereits einen Besuch wert. Wien nur du allein sollst meine Traumstadt sein.

1.2 Niederösterreich

In Niederösterreich, in dessen Zentrum die Weltstadt Wien liegt, fehlen größere Städte. Jedoch gibt es sehenswerte Mittelstädte, die teilweise miteinander konkurrieren. Viele sehenswerteste Orte liegen dabei in der Wachau an der Donau.

Städte in den Top 50 von Österreich

❖St. Pölten

St. Pölten ist das Mini-Brasilia Österreichs. Bis 1986 war das zentral gelegene Wien Sitz der niederösterreichischen Landesregierung. Mit dem Slogan *Ein Land ohne Hauptstadt ist wie ein Gulasch ohne Saft* wurde 1984 eine Volksabstimmung initiiert, die im März 1986 durchgeführt wurde. Es gab 5 Kandidatenstädte. Wiener Neustadt, zweitgrößte Stadt in Niederösterreich und Rivale St. Pöltens, bekam dabei nur 4% der Stimmen. Tulln war mit 5% der Stimmen ebenfalls chancenlos. Die Kurstadt Baden bekam 8%. Krems erwies sich mit 29% der Stimmen als zweitpopulärster Standort. St. Pölten setzte sich jedoch mit 45% der Stimmen klar durch. Bis 1996 wurde am Fluss Traisen in St. Pölten ein neues Regierungsviertel gebaut, in welches die Verwaltung dann 1997 einziehen konnte. Bisher war ich zweimal in St. Pölten. Bis ins Regierungsviertel habe ich es aber bisher noch nicht geschafft.

Bei meinem letzten Besuch im Dezember 2019 war ich positiv überrascht von der behaglichen historischen Atmosphäre der Stadt. Ein schmuckes Rathaus mit Turm und in Pastellfarben, wie der ganze Platz, auf dem es steht. Darauf, wie oft in Österreich, eine Pestsäule. Mir blieb noch Zeit, das Stadtmuseum zu besichtigen, bevor es wieder zum Bahnhof ging. Der Hauptbahnhof der Stadt ist überraschend repräsentativ und einer Landeshauptstadt durchaus angemessen. Der einst unbeliebte Bahnhof wurde bis 2011 für 190 Millionen

Euro umgebaut und ist seither zu einem wahren Schmuckstück geworden. Im Dezember reise ich von hier weiter nach Wien, um dort eine Opernaufführung zu besuchen. Ein Opernhaus gibt es in St. Pölten leider nicht. St. Pölten wächst um etwa 0.5% pro Jahr und damit langsamer als die Wiener Neustadt. Der Vorsprung beträgt jedoch 8000 Einwohner und in absehbarer Zeit dürfte St. Pölten die größte Stadt Niederösterreichs bleiben. 2018 meldete die Presse sogar, St. Pölten hätte die 60 000 Marke gesprengt. Dabei wurden jedoch 5000 Zweitwohnsitze hinzugerechnet.

❖ **Wiener Neustadt**

Wiener Neustadt und St. Pölten sind Rivalen. Beide konkurrierten um die Funktion einer Landeshauptstadt Niederösterreichs. Bei der Abstimmung bekam St. Pölten jedoch deutlich mehr Stimmen. Wiener Neustadt ist eine wachsende Stadt. Die Einwohnerzahl nimmt pro Jahr um etwa 1% zu und dürfte bis 2030 die 50 000er Marke erreichen. Wiener Neustadt wurde 1194 gegründet. Die Stadtgründung wurde finanziert durch Lösegeld, welches Leopold V. für den englischen König Richard Löwenherz erhalten hatte. Bei einem Besuch im Jahre 2014 fiel mir eigentlich nur der Dom auf. Die Stadt machte sonst einen behaglichen Eindruck. Wiener Neustadt ist einer der Bahnknoten Österreichs mit den meisten Ästen und so steige ich bei Fahrten nach Ungarn (Sopron) und ins Burgenland immer wieder in Wiener Neustadt um. Der Bahnhof ist modern und mit seiner Glasfront transparent, aber längst nicht so repräsentativ, wie der in St. Pölten.

❖ **Baden bei Wien**

Wie bei Neustadt wird auch bei Baden der Bezug zu Wien hergestellt, um die Stadt von namensgleichen Orten zu unterscheiden. Von Wien kann man Baden sowohl mit dem Regionalzug als auch mit der Straßenbahn erreichen. Im

Dezember bin ich mit der Straßenbahn vom Wiener Stadtzentrum hierher unterwegs, um in Baden eine Opernaufführung zu besuchen. Direkt an der Straßenbahnendhaltestelle das Arnulf-Rainer-Museum, welches ich spontan besuche. Baden hat ein schönes Stadttheater mit cremefarbiger Fassade. Hier werden hauptsächlich Operetten aufgeführt. Für Kurgäste gibt es weitere Abwechslungen, so ein Casino. Im Jahre 1812 brannte Baden ab und wurde dann im Biedermeierstil wiederaufgebaut, was der Stadt ein einheitliches und behagliches Stadtbild gibt. In einem Stadtpark interessante Monumente für Komponisten, besonders das Beethovenmonument beeindruckt.

Theater Baden

❖ **Krems an der Donau**

Mit 24 000 Einwohnern ist Krems die fünftgrößte Stadt Niederösterreichs und eine ihrer schönsten. Die dichte historische Altstadt liegt schön zwischen Donau und Weinbergen und ist bestückt mit zahlreichen Kirchen und Türmen sowie dem Steinernen Tor. Als Ausgleich, weil das ´rote´ St. Pölten und nicht das ´schwarze´ Krems Hauptstadt wurde, sollte Krems zur Kulturhauptstadt ausgebaut werden. In den letzten Jahren ist mit dem Kunstmuseum eine

10

moderne Sehenswürdigkeit hinzugekommen. In unmittelbarer Nachbarschaft das Karikaturenmuseum, welches auch eine Sammlung des provokanten, in St. Pölten geborenen Karikaturisten Manfred Deix besitzt.

❖ **Klosterneuburg**

Mit 27 000 Einwohnern ist Klosterneuburg (Slangname Kloburg) die drittgrößte Stadt Niederösterreichs. Hauptsehenswürdigkeit ist das Stift Klosterneuburg. Ich stehe im Jahr 2013 am Kaisertrakt und bin von der barocken Pracht beeindruckt. Von der sonstigen Stadt bleibt mir allerdings wenig in Erinnerung, außer der schönen Lage an den Hängen des Wiener Waldes. Während der Coronakrise Anfang 2021 lese ich, dass in Klosterneuburg der kleine Familienbetrieb Polymun seinen Sitz hat, ein Lipidhersteller, der für die Produktion des Biontech/Pfizer mRNA basierten Impfstoffes von entscheidender Bedeutung ist.

❖ Korneuburg

Im Februar 2013 bin ich in Korneuburg, komme aber mit der S-Bahn aus Wien so spät an, dass es schon dunkel ist. Die Stadt erscheint jedoch attraktiv zu sein, vor allem der Rathausplatz mit dem neogotischen Rathaus, hinter dem ein gotischer Turm hervorlugt. Kirchen gibt es in dieser vom Barock geprägten Stadt auch viele. Die wachsende Pendlerstadt Korneuburg gehört eindeutig zu den schöneren Städten Niederösterreichs.

❖ Retz

Ein österreichischer Kollege hatte mir einst den Besuch der Kleinstadt Retz empfohlen. Als ich vom tschechischen Znaim komme, liegt Retz auf dem Weg, denn von hier fahren Eilzüge bis nach Wien. Retz erweist sich als sehr kleine, aber attraktive Stadt. Vor allem der Hauptplatz mit dem ehemaligen Rathaus mit seinem markanten Turm ist sehr hübsch. Pittoresk am Hauptplatz auch das zinnen-gekrönte Verderberhaus (nach den Verderber-Brüdern benannt). Geht man durch die Tordurchfahrt, gelangt man zu einem Turm mit einem weiteren Tor. Nach einem abendlichen Spaziergang gehe ich zum Bahnhof und fahre mit einem Eilzug nach Wien, wo ich ein Hotel gebucht habe.

❖ Perchtoldsdorf

Einmal besaß ich ein Österreich-Memoryspiel bei welchem mir das Bild einer mir unbekannten, aber attraktiven Stadt auffiel. Auf dem Bild war ein Platz mit einem auffälligen Wehrturm zu sehen. Dabei handelte es sich um Perchtoldsdorf, eine Stadt, die direkt an Wien grenzt. Im Jahre 2015 besuchte ich diese Stadt und ihren sehenswerten Marktplatz. Dort ragte der Wehrturm heraus, während die nahe gelegene Pfarrkirche keinen Turm besitzt. Auf dem Platz die für österreichische Städte typische Pestsäule.

❖ Melk

Die Top-Sehenswürdigkeit von Melk ist das über der Stadt thronende Kloster mit sehenswerter Klosterbibliothek, UNESCO-Welterbe. Die Stadt selbst ist klein aber in ihrer historischen Architektur geschlossen und hübsch. Als ich sie besuche, sieht man jedoch auch anhaltenden Arbeiten, um Flutschäden zu beseitigen.

❖ Mödling

Die Babenbergerstadt Mödling gehört zu den gößten und schönsten Städten Niederösterreichs. Sie schwelgt in barocker Gemütlichkeit und ist auch landschaftlich schön gelegen. Ich gehe an der riesigen HTL Mödling vorbei, mit 3500 Schülern die größte Schule Österreichs.

Andere Orte

Laa an der Thaya

Anfang Januar 2016 bin ich auf Dienstreise in Wien, habe danach am Samstag noch Zeit und möchte die tschechische Stadt Znojmo besuchen. Ich fahre mit der Bahn zur Grenzstadt Laa an der Thaya und dann mit Bus und Bahn weiter. Trotz des Stadtnamens liegt Laa nicht so direkt an der Thaya, diese fließt auf tschechischem Gebiet, auch an Znojmo/Znaim vorbei und nur wenige km auf österreichischem Gebiet. Mit der Teilung Europas geriet Laa in eine extreme Randlage und schrumpfte lange. Die Stadt hat heute nicht mehr Einwohner als im Jahre 1900. Dass die Stadt einst bedeutender war, sieht man am prächtigen historistischen Rathaus, vom Wiener Architekten Peter Paul Prang im Jahre 1899 errichtet. Ansonsten säumen allerdings eher kleine, einfache Häuser den Stadtplatz. Seit die Grenzen wieder offen sind hat sich die Bevölkerungszahl stabilisiert. Ich nehme einen Bus nach Tschechien, wo ich in einer winzigen Bahnstation in den Zug nach Znaim/Znojmo einsteige.

Tulln

Nach Tulln fuhr ich im Juni 2016 wegen Egon Schiele (1890-1918), der im dortigen Bahnhof geboren wurde. Gegen Münzeinwurf kann man die ehemaligen Wohnräume der Familie Schiele im Bahnhofsgebäude tatsächlich besuchen. Tulln selbst ist eine angenehme kleine Stadt mit einem sehenswerten Hauptplatz, der vom prächtigen Gebäude der Bezirkshauptmannschaft geprägt ist. Die typische Pestsäule fehlt auch nicht. Tulln war im Jahr 1986 sogar Kandidat für die Landeshauptstadt Niederösterreichs, konnte sich aber gegen St. Pölten nicht durchsetzen.

Stockerau

Im Juni 2015 bin ich im schönen Stockerau, mit 16 000 Einwohnern die größte Stadt des Weinviertels. Mir bleiben das spätbarocke Rathaus und die barocke Stadtpfarrkirche in Erinnerung. Diese hat den höchsten Kirchturm Nieder-österreichs (88 m).

Bruck an der Leitha

Die Leitha war einst ein Grenzfluss zwischen Österreich und Ungarn. Die Gebiete rechts der Leitha wurden auch als

Transleithanien bezeichnet und gehörten zum ungarischen Teil der Doppelmonarchie. Der österreichische Teil wurde auch Cisleithanien genannt. Das Burgenland gehörte damals zu Ungarn und kam erst nach dem Ersten Weltkrieg mit dem Vertrag von Trianon (der das Gebiet Ungarns deutlich verkleinerte) zu Österreich. Heute ist die Leitha die Grenze zwischen Niederösterreich und dem Burgenland. Auf dem Weg nach Ungarn bin ich einmal in Leitha kurz ausgestiegen, haben aber nicht viel von der eigentlich schönen kleinen Stadt gesehen.

Bad Vöslau

Auf dem Weg nach Wiener Neustadt mache ich kurz in Bad Vöslau Halt. Bad Vöslau ist eine unspektakuläre kleine Bäderstadt mit einem mäßig interessantem Schloss, welches heute als Rathaus dient.

Hollabrunn

Hollabrunn (12 00 Einwohner) ist eine ruhige, behagliche Stadt mit großem Stadtplatz, mitten im Weinviertel gelegen, doch ohne herausragende architektonische Sehenswürdigkeiten. Lange schrumpfend wächst Hollabrunn durch den Anschluss an das Wiener S-Bahnnetz und eine zunehmende Zahl von Pendlern seint geraumer Zeit wieder.

Deutsch-Wagram

Nach Deutsch Wagram kam ich im Februar 2014 mit der S-Bahn aus Wien, um Österreichs ältestes Bahnhofsgebäude zu besuchen. Heute ist darin ein Eisenbahnmuseum untergebracht. Daneben hat Deutsch Wagram noch ein stattliches Rathaus. In Deutsch-Wagram wurde die österreichische Pistolenfirma Glock gegründet.

Besuchte Städte in Niederösterreich (21 von 76)

Top 50-Städte Österreich

St. Pölten, Krems, Baden, Wiener Neustadt, Klosterneuburg, Korneuburg, Melk, Retz. Perchtoldsdorf, Mödling.

Weitere Städte und Gemeinden

Bad Vöslau, Bruck an der Leitha, Laa an der Thaya, Gloggnitz, Hainburg, Hollabrunn, Deutsch Wagram, Neunkirchen, Schwechat, Stockerau, Ternitz, Tulln, *Wolfsthal,* Wolkersdorf.

16

1.3. Burgenland

Im Burgenland habe ich bisher erst 3 Orte besucht: die recht kleinen Städte Eisenstadt und Neusiedl (2 von 13 Städten) und Wulkaprodersdorf. Im Eisenbahnknoten Wulkaprodersdorf gibt es, außer ein paar kleineren Kirchen, nicht viel zu sehen. Wulkaprodersdorf kommt immerhin in Helmut Qualtingers Bundesbahnblues vor.

<u>Städte in den Top-50 von Österreich</u>

❖ **Eisenstadt**
Im März 2013 besuchte ich Eisenstadt. Die Hauptstadt des Burgenlandes hat nur 15 000 Einwohner und ist schnell gesehen. Die historische Hauptstadt der Region war Ödenburg/Sopron, welche jedoch heute in Ungarn liegt. Bemerkenswert in Eisenstadt ist die blätternde kuk-Atmosphäre mit den gelben Fassaden und das im Zentrum der Stadt befindliche Esterhazy-Schloss.

❖ **Neusiedl**
Im März 2013 kam ich am späten Nachmittag in Neusiedl an. Als ich durch die Stadt ging, war es bald dunkel und als ich ein Bild des atmosphärischen Ortes postete, kam der Kommentar `beautiful lonely street´.

17

1.4 Oberösterreich

Oberösterreich hat eine größere Zahl sehenswerter, ganz unterschiedlicher Orte. Linz und die größeren Mittelstädte sind von Industrie geprägt, aber dennoch besuchenswert. In Linz war ich bisher ein halbes Dutzend Mal, in den meisten anderen Orten erst einmal.

Städte in den Top 50 Österreich

❖ Linz

In Linz beginnt´s heißt es in Österreich. Spötter sagen auch in Linz stinkt´s, denn Linz ist eine Industriestadt mit großem Stahlwerk. Der erste Eindruck, wenn man aus dem modernen, aber etwas sterilen Bahnhof kommt, ist erstmal der einer rauen Stadt, die mit breiten Straßen und ungemütlichen Hochhäusern eine Großstadt geben will. Je näher man der Innenstadt kommt, desto anheimelnder wird es und man erreicht einen Barockstadtkern mit freundlichen Pastell-Fassaden. An der Donau beeindruckende Museums-bauten, über der Donau das Schloss und auf der anderen Seite der gemütliche Stadtteil Urfahr. Vom dortigen Bahnhof geht es mit der Pöstlingsbergbahn, einer der steilsten Adhäsions-bahnen Europas, also einer Bahn, welche ohne Seil oder Zahnrad große Höhenunterschiede allein durch Reibung überwindet, den Pöstlingberg hinauf, wo einen eine Grottenbahn erwartet, welche Michael Jackson einmal so begeistert hat, dass er sie kaufen wollte.
Im Frühjahr 2019 besuchte ich in Linz das Opernhaus, ein modernes Gebäude in Bahnhofsnähe, welches Motive der Stahlproduktion aufnimmt. Linz´ Voestalpine Stahlwerk liegt ja auch nicht weit vom Hauptbahnhof entfernt. Am Hauptbahnhof lese ich den Slogan, *Land der Mooglichkeiten* (OÖ für Oberösterreich).

❖ Steyr

Steyr ist nach dem Fluss Steyr benannt, liegt aber auch an der Enns. Steyr ist eine sehr reizvolle Barockstadt mit pittoresker Altstadt. Am Stadtplatz fällt mir das alte urige Bummerlhaus auf und etliche Fassadenmalereien, die historische Szenen darstellen. Das Wappen der Stadt ähnelt dem der Steiermark. Das ist kein Zufall, denn die späteren Herzöge der Steiermark hatten ihren Stammsitz in der Stadt.

Steyr wurde schon früh Industriestadt, denn es liegt nahe von Eisenvorkommen (dem Eisenerzer Erzberg), welche über die Enns und Donau transportiert wurden. Steyr wurde nach der Reformation protestantisch. Die Gegenreformation führte jedoch zu einer Vertreibung der Protestanten. Steyrer Messerhersteller wanderten daraufhin ins Bergische Land aus und gründeten die Solinger Messererzeugung. Im 18. Jahrhundert entwickelte sich in Steyr dennoch eine Säbel-, Bajonett- und Schusswaffenindustrie, die Steyr-Werke. Später fusionierte Steyr mit dem Autohersteller Austro-Daimler und Puch zu Steyr-Daimler-Puch. Noch heute ist Steyr eine Industriestadt mit einem wichtigen BMW-Motorenwerk, einem MAN-Werk und diversen anderen automobilbezogenen Firmen, ist aber auch besonders vom Strukturwandel in diesem Industriezweig betroffen.

19

❖ Enns

Enns ist die erste und einzige slow city (cittaslow) Österreichs. Trotzdem besichtige ich die Stadt im Oktober 2013 nicht im Schneck-enns-tempo. Vom Bahnhof ist es ein doch recht weiter Weg in die Altstadt. Dennoch komme ich zügig zum Hauptplatz mit dem freistehenden Stadtturm. Auf dem ist der Doppeladler zu sehen und auch das Gründungsdatum der Stadt, April 1212. Enns liegt an der Enns, dem Grenzfluss zwischen Ober- und Niederösterreich. Ungarischen Märchen beginnen oft mit, `vor langer Zeit, hinter den Glasbergen, in Operencia´. Operencia steht für Ob der Enns, einem weit entfernten Land jenseits des Horizonts. Und das fing aus ungarischer Sicht historisch also in Enns an.

❖ Freistadt

Im Spätwinter 1996 besuche ich mit oberösterreichischen Freunden Freistadt. Es ist hier noch recht winterlich und mir kommt die Stadt wunderlich hübsch vor und weit schöner als die durchschnittliche deutsche Kleinstadt. Gut, dass wir mit dem Auto gekommen waren, denn der Bahnhof, auf der Linie Linz-Budweis, liegt 3 km vom Stadtzentrum entfernt. Als ich hier in der Nähe im Mai 2019 übernachte, vermeide ich deshalb ein Hotel in der Stadt zu nehmen.

❖ Gmunden

Der Bahnhof von Gmunden liegt recht weit von der Altstadt, aber überraschenderweise gibt es in Gmunden sogar eine Straßenbahn. Als ich im Januar 2016 dort ankomme, nutze ich die Tram mit ihrer nostalgischen Anmutung, um in die Innenstadt zu gelangen. Dort gibt es Protestplakate gegen die anstehende Verbindung der Straßenbahn durch die Innenstadt und die Traunbrücke mit der Traunseebahn. Im September 2018 wurde diese Durchbindung dann verwirklicht. Gmunden ist eine angenehme, hübsch am Traunsee gelegene, auf den Tourismus ausgerichtete Stadt. Von der Promenade ein schöner Blick auf Berge, den Traunsee und das Inselschloss Ort. Gmunden hat auch eine schöne barocke Altstadt mit einem beeindruckenden historischen Rathaus.

❖ Bad Ischl

Im Januar 2016 reise ich nach Hallstatt und mache in Bad Ischl Station. Bad Ischl ist klein, war aber einst eine Kurstadt von europäischem Rang und hat deshalb viele prächtige historistische Kurgebäude und Villen aufzuweisen. Kaiser Franz Josef hatte hier von 1849-1914 eine Sommerresidenz. In der Konditorei Zauner lese ich das Kaiser-Zitat `Es war sehr schön, es hat uns sehr gefreut´.

❖ Braunau

Braunau ist eigentlich eine hübsche historische Barockstadt am Inn. Als ich in den 1980ern in München studierte nehme ich den Zug nach Simbach und gehe zu Fuß über die Brücke nach Braunau. Braunau ist jedoch als Geburtsstadt von Adolf Hitler (*20. April 1889) historisch belastet. Um zu vermeiden, dass sein Geburtshaus in der Altstadt zu einer Pilgerstätte von Rechtsradikalen wird, gibt es immer wieder Pläne, es abzureißen.

❖ Hallstatt

Hallstatt ist das vielleicht berühmteste Dorf Österreichs. Auf jeden Fall bietet es durch seine schöne Lage eines der bekanntesten Österreich-bezogenen Fotomotive. Die Chinesen sind so begeistert vom Ort, dass sie Hallstadt in China 1:1 nachgebaut haben. Hallstatt mit seinen 800 Einwohnern hat keinen Bahnanschluss und so komme ich im Januar 2016 mit der Fähre vom Bahnhof von Obertraun herüber. Auffallend viele Asiaten sind unterwegs. Hallstatt selbst besteht aus wenigen Straßen, in welchen sich die Touristen konzentrieren. Steigt man die Hänge hoch, wird die Dichte der Besucher schon geringer. Hallstatt verdankt seine Entwicklung und seinen Namen Salzvorkommen. Das Salz wurde schon in prähistorischen Zeiten abgebaut. Archäologische Gräberfunde in Hallstatt gaben auch der Hallstatt-Kultur der Bronzezeit ihren Namen. Seit 1997 findet sich Hallstatt auf der UNESCO-Liste des Weltkulturerbes. Nach nur 1 Stunde verlasse ich den kleinen Ort schon wieder und nehme das Boot zurück nach Obertraun.

22

❖ **Wels**

Wels ist mit über 60 000 Einwohnern die zweitgrößte Stadt Oberösterreichs und die achtgrößte Stadt des Landes. Trotz der Größe ist diese Industriestadt für österreichische Verhältnisse eher arm an Sehenswürdigkeiten. Dabei hat Wels eine lange Geschichte, die bis auf die Römerzeit zurückgeht. Es gibt sogar Reste einer römischen Stadtmauer. Man muss sich dennoch vom Bahnhof kommend durch etliche nichtssagende Straßen kämpfen, bis man in die eher kleine Altstadt gelangt. Man kommt dabei auch am 1961 errichteten Semperit-Hochhaus vorbei. Auf dem Platz davor stand bis 1959 der barocke Semmelturm und heute gibt es Pläne, diesen wieder aufzubauen. Ein weiteres Innenstadthochhaus ist das 1967 erbaute 79 m hohen Maria-Theresia-Hochhaus, welches für ein paar Jahre das höchste Hochhaus Österreichs war.

Endlich in der Altstadt angekommen, gehe ich durch den pittoresken, fast kleinstädtischen Ledererturm und habe damit diese auch schon wieder verlassen. Auf dem Weg zurück zum recht modernen und funktionalen Bahnhof komme ich noch am Schloss Pollheim vorbei und sehe ein Denkmal für Kaiser Maximilian I., der 1518 in Wels starb.

❖ **Vöcklabruck**

Bahnmäßig gut erreichbar an der Westbahn gelegen, war ich bereits zweimal in Vöcklabruck, um einen Buchladen zu besuchen, der auf einer Liste der schönsten Buchläden Europas zu finden war. So spektakulär war er dann doch nicht. Mit den zwei Stadttürmen, dem unteren und dem oberen ist Vöcklabruck jedoch durchaus sehenswert.

23

Fucking/Fugging

Als die Amerikaner im März 1945 im österreichischen Fucking (ausgesprochen Fugging) einmarschierten, lachten sie und es war mit dem Frieden zu Ende. In den letzten Jahrzehnten wurde immer wieder das Ortsschild der Gemeinde gestohlen. Eine Brauerei machte allerdings auch das Beste aus dem Namen, in dem ein Bier *Fucking hell* gebraut wurde. Doch schließlich reichte es der Gemeinde. Im Januar 2021 wurde sie offiziell in Fugging umbenannt.

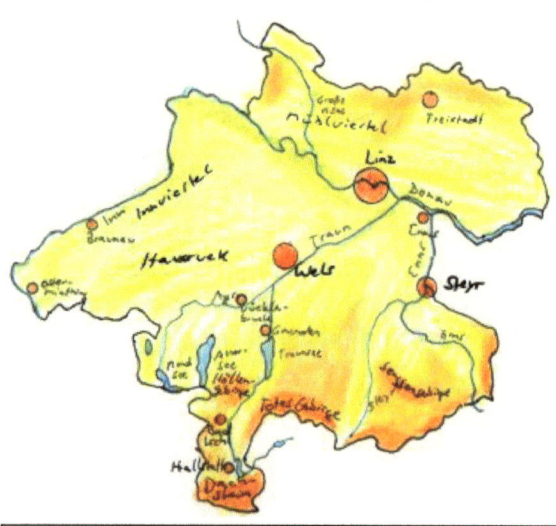

Besuchte Städte in Oberösterreich (9 von 32 + 4 Gem.)

Top 50-Städte Österreich
Linz, Steyr, Enns, Wels, Gmunden, Bad Ischl, Braunau, Freistadt, *Hallstatt.*
Weitere Städte (kursiv: andere Orte)
Fucking, Lasberg, Obermiething, Obertraun, Vöcklabruck.

1.5 Steiermark

Die Steiermark hat die attraktive Hauptstadt Graz, die ich bereits ein halbes Dutzend Mal besucht habe, und entlang der Mur-Mürz-Furche einige kleinere, aber sehenswerte alte Industriestädte.

Städte in den Top 50 von Österreich

❖ Graz

Graz ist die zweitgrößte Stadt Österreichs. Lange eine eher verschlafene Pensionopolis, gehört Graz mittlerweile zu den dynamischten Städten des Landes. Allein seit 2011 ist die Bevölkerung um über 30 000 und damit um mehr als 1 % pro Jahr gewachsen. Seit 2010 ist die Altstadt von Graz auf der UNESCO-Welterbeliste verzeichnet. Während man dem Bahnhofsviertel die Kriegszerstörungen ansieht, bliebt die Altstadt weitgehend von Bomben verschont und zeigt heute ein geschlossenes historisches Stadtbild, das ich mir immer wieder gerne ansehe. Es gibt das Wortspiel, dass die Franzosen einst sagten: *la ville des graces a la rivière de l ámour* (Stadt der Anmut am Liebesfluss). Mit Mur und Schloßberg hat Graz auch eine interessante Topografie aufzuweisen. Zahlreiche Museen und eine Oper machen Graz zudem zu einer regionalen Kulturmetropole. Mit dem Kulturhauptstadtsjahr 2003 kam ein spektakuläres Kunst-

museum hinzu. Graz ist eine Stadt, die im Verkehrsbereich durch Ausbau von Tram- und Radverkehr Akzente setzt. Auch politisch progressiv, wurde im November 2021 in Graz mit Elke Kahr eine Kommunistin zur Bürgermeisterin gewählt. Spötter sprachen daraufhin von Stalingraz.

❖ **Bruck an der Mur**

Bruck an der Mur ist wie viele Städte in der Mur-Mürz-Furche eine alte und frühindustrialisierte Stadt und heute eher im Schrumpfen begriffen. Die Geschichte Brucks reicht sogar bis in die Römerzeit zurück. Im Januar 2015 bin ich kurz hier und habe Zeit, den schönen Hauptplatz zu betrachten. Das gotische Kornmesserhaus mit seinen venezianisch anmutenden Arkadengängen fiel mir dabei auf.

❖ **Leoben**

Leoben ist eine schön zwischen Murschleifen gelegene kleine Regionalhauptstadt. Hier ist mehr los, hier gibt es mehr Geschäfte als in den anderen Städten der Mur-Mürzfurche. Die Innenstadt zeigt ein geschlossenes historisches Stadtbild mit orthogonalen, planmäßig angelegten Straßenraster und einem Hauptplatz im Zentrum. Ein dominierendes Kirchengebäude fehlt, dafür gibt es imponierende Gebäude der Montanuniversität. Bei meinem Besuch im Januar 2015 bedauere ich, nicht mehr Zeit mitgebracht zu haben.

❖ **Kapfenberg**

Auch Kapfenberg konnte ich im Januar 2015 nur kurz, per Bahn aus Wien ankommend, besuchen. Die Stadt machte einen ruhigen, unspektakulären Eindruck. Die Altstadt schien sehr klein. Nur der freundliche, aber wenig belebte Marktplatz mit dem Alten Rathaus blieb mir in Erinnerung.

❖ Feldbach

Im Oktober 2015 bin per Bahn von Ungarn nach Graz unterwegs und steige in Feldbach aus. Auf dem sonst wenig spektakulären Hauptplatz die Renaissance Pfarrkirche St. Leonhard. Ihr Turm wurde 1945 gesprengt. An seiner Stelle ein moderner Turm mit einem seltsamen Farbmuster. So etwas habe ich bisher in einer Innenstadt noch nicht gesehen. Daneben die neogotische Villa Hold, einst von der Familie Hold erbaut. Heute ist darin das Standesamt untergebracht.

❖ Judenburg

In Judenburg gibt es einen auffallenden Stadtturm, eine barocke Pfarrkirche und ein schönes Rathaus. Die Altstadt liegt auf einem Landrücken und man sieht schön über die Landschaft. Der Fußweg zum Bahnhof führt mich runter zur Mur und durch ein Industriegebiet.

Andere Orte

Mürzzuschlag

Mürzzuschlag ist eine kleine, beschauliche Stadt an der Südostbahn, ohne große Sehenswürdigkeiten, aber mit einem interessanten Informationszentrum zum Bau des Semmering-Basistunnels.

27

Semriach

Im Dorf Semriach habe ich im November 2016 verzweifelt nach dem kleinsten Kunstmuseum der Welt gesucht. Es bestand aus einer kleinen Schachtel, die auf dem Hauptplatz des Dorfes an einer Grünfläche platziert war und man musste vor der Kunst auf die Knie gehen, um hineinschauen zu können. Als ich dort war, war die Box jedoch zwecks Ausstellung gerade in Graz und ich hatte die umständliche Tour mit einem öffentlichen Bus umsonst auf mich genommen. Mittlerweile findet sich im Internet nichts mehr zu diesem kleinsten Kunstmuseum. Also ein Grund weniger, nach Semriach zu fahren.

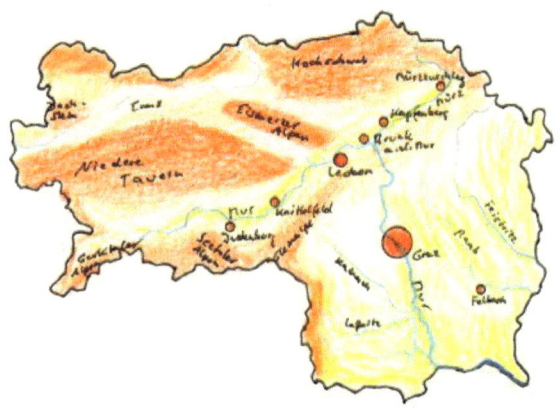

Besuchte Städte in der Steiermark (8 von 35 Städten)

Top Städte
Graz, Leoben, Kapfenberg, Bruck an der Mu Mürzzuschlag, Feldbach.

Weitere Städte und Gemeinden (Ohne Stadtstatus kursiv)
Knittelfeld, Judenburg, *Semirach, Unzmarkt.*

1.6. Kärnten

Kärnten hat mehrere schöne Seen mit attraktiven Touristen-orten an den Ufern. Ansonsten dominieren zwei größere Städte, Klagenfurt, die Landeshauptstadt, und Villach. Nur diese beiden Städte habe ich bereits mehrfach besucht.

Städte in den Top 50 von Österreich

❖ Klagenfurt am Wörthersee

Klagenfurt ist eine Literaturstadt. Am Bahnhof das Haus, in welchem Robert Musil (1880-1942) geboren wurde, heute Museum. Die Schriftstellerin Ingeborg Bachmann (1926-1973), nach welcher ein Literaturpreis benannt ist, stammt ebenfalls aus Klagenfurt. Klagenfurt nennt sich seit 2008 Klagenfurt am Wörthersee, obwohl der See weit vom Stadtzentrum liegt. Das Stadtzentrum selbst ist vor allem nachts atmosphärisch, der gemütlich verwinkelte Altstadtteil ist jedoch recht klein. Während Kärnten bevölkerungsmäßig eher schrumpft, wächst Klagenfurt und hat seit ein paar Jahren die 100 000er Marke überschritten und ist damit die sechstgrößte Stadt Österreichs.

29

❖ Villach

Das wachsende Villach ist die siebtgrößte Stadt Österreichs und liegt schön am Fluss Drau. Höhepunkt ist der Hauptplatz mit Fassaden in Pastellfarben. An seinem Ende die Stadtpfarrkirche St. Jakob, durch mehrfachem Wiederaufbau nach Erdbeben und Bränden ein von gotischen Elementen geprägter Stilmix. Im Februar 2020 reise ich nach Villach, um das *Relief von Kärnten zu* sehen, eine topographische Landschaftsplastik, die 182 m² groß ist, die größte in Europa. Leider war die Ausstellungshalle im Stadtpark noch geschlossen.

❖ Velden

Der Wörthersee ist der Treffpunkt der österreichischen High Society. Alles, was Rang und Namen hat, findet sich im Sommer an seinen Gestaden. Entsprechend exklusiv die Hotellerie, teilweise in Wörthersee-Architektur, darunter das vieltürmige Schloss Velden. Als ich im Februar 2020 den Ort besuche, ist von Touristen allerdings noch kaum etwas zu sehen.

❖ Pörtschach am Wörthersee

Pörtschach ist eine kleine Gemeinde am Wörthersee (etwa 3000 Einwohner) mit schöner Seepromenade und beeindruckenden Villen. Der Komponist Brahms hielt sich hier im Sommer öfters auf. Auffallend der Bahnhof über den ich im Februar 2020 anreise. Er besteht aus Töschlinger Marmor. Passend dazu findet sich in ihm eine Kunstgalerie.

❖ Spittal an der Drau

Spittal ragt durch das Schloss Porcia im Stadtzentrum etwas über ähnlich große Städte hinaus. Hauptplatz und Stadtpark sind ebenfalls sehenswert. Die Drau fließt jedoch etwas außerhalb der Altstadt an der Stadt vorbei.

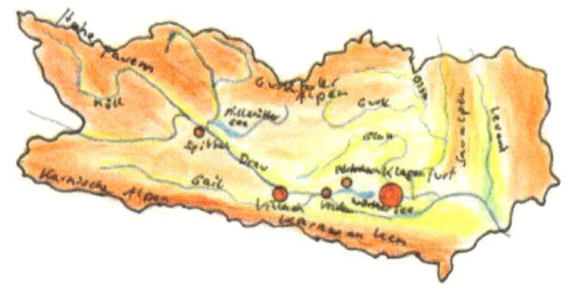

Besuchte Städte im Land Kärnten (3 von 17 Städten)

Top 50-Städte Österreich
Klagenfurt, Villach, Spittal an der Drau

Weitere Städte (kursiv: andere Orte)
Velden, Pörtschach

1.7 Salzburg

Städte in den Top 50 von Österreich

❖ Salzburg

Alexander von Humboldt soll Salzburg der Legende nach zu den sieben schönst-gelegenen Städten der Welt gezählt haben. Die Topografie mit Burgberg, Altstadt und Fluss macht Salzburg auf jeden Fall zu einer der schönsten Städte der Welt. Durch Mozart und Karajan ist Salzburg auch eine Musikstadt. Salzburg ist zudem wirtschaftsstark. Das Bundesland Salzburg ist das einzige Österreichs, welches eine höhere Wirtschaftsleistung pro Kopf aufweist als die Hauptstadt Wien. Im Dezember 2021 bin ich in Salzburg und gehe zum Geburtshaus von Mozart und dem von Georg Trakl (1887-1914). An mehreren Stellen sind Tafeln des jung verstorbenen Dichters aufgestellt. Als ich an der Salzach eine Dichtertafel suche und plötzlich das nächtliche Panorama der Stadt sehe bin ich überwältigt von seiner Schönheit. Der Bahnhofsplatz selbst, wo mein Hotel steht, ist allerdings überraschend rau, mit eher ungemütlichen modernen Wohn- und Bürohochhäusern.

Salzburg bei Nacht

33

Bad Gastein

Bad Gastein ist durch seine spektakuläre Topografie und die prächtigen Jahrhundertwende-Hotelbauten einer der beeindruckendsten Kurorte Österreichs. Lange im Niedergang mit leerstehenden Luxushotels, ist das auf über 1000 m gelegene Bad Gastein wieder im Kommen, seit sich eine Vorhut von Künstlern und anderen Kreativen angesiedelt hat. Zur dramatischen Topografie gehört ein steiler Wasserfall im Ortszentrum.

Gasteiner Wasserfall

Zell am See

Durch seine Lage am See und die gute Eisenbahnerreichbarkeit hat sich Zell seit Ende des 19. Jahrhunderts zu einem Touristenort entwickelt. Heute zeugt ein prächtiges Hotel am Seeufer davon und Hinweise in arabischer Sprache von neuen Reisegruppen. Die Geschichte der verkehrsgünstig gelegenen Stadt beginnt jedoch lange vor dem Fremdenverkehr. Am Seeufer lese ich interessante Gedenktafeln zu Kaiserin Sisi, die gerne im Ort verweilte und Wanderungen in die Berge unternahm.

Zell am See

Hallein

Noch mehr als Oberndorf ist die alte Salzmetropole Hallein die Stadt des Liedes *Stille Nacht, Heilige Nacht.* Hier gibt es ein entsprechendes Stadtviertel, mit dem Wohnhaus des Komponisten Gruber, seinem Grab, sowie Gedenktafeln (Deutsch/Englisch) und ein Museum zum Lied. Hallein hat ansonsten eine ansehnliche Altstadt mit engen Gassen und Häusern im Innviertelstil.

Stille Nacht Museum

35

Andere Orte

Oberndorf

Oberndorf ist berühmt für *das Lied Stille Nacht, heilige Nacht*, welches hier erstmals im Jahre 1818 aufgeführt wurde. In den 1890er Jahren kam es zu mehreren Hochwässern, bei denen nicht nur die Brücke über die Salzach ins bayerische Laufen zerstört wurde, sondern auch die meisten Gebäude des Ortes. Man beschloss, eine neue Brücke auf höher gelegenem Gelände zu errichten und den Ort dort neu aufzubauen. Oberndorfs Gebäude sind deshalb nicht sehr alt, während man auf der anderen Flussseite in Laufen einen mittelalterlichen Stadtkern findet. Architektonischer Höhepunkt Oberndorfs ist eigentlich die Salzachbrücke ins bayerische Laufen.

St. Johann im Pongau

St. Johann ist ein kleiner, unspektakulärer, aber solider Ort an der Salzach, der im Jahre 2000 zur Stadt erhoben wurde. Als ich im Februar 2020 hier mit dem Zug ankomme und über die Salzachbrücke in den Ortskern gehe, wirkt dieser trotz der 11 000 Einwohner der Stadt doch eher dorfartig. Ich schaue mich ein wenig um, bald ist alles gesehen, ohne Spektakuläres entdecken zu können.

Schwarzach

Schwarzach ist kleiner und nur Marktgemeinde und nicht Stadt, wirkt aber dennoch städtischer als St. Johann im Pongau. Es hat ein recht großes Krankenhaus im Stadtzentrum und auch der Bahnhof und die Bahnanlagen wirken städtischer als in St. Johann. Das Gemeindegebiet ist recht eng abgegrenzt und das trägt dazu bei, dass der Ort nur etwa 3500 Einwohner hat.

St. Veit ist nach Einwohnern etwas größer als Schwarzach, wirkt aber wie St. Johann dörflicher und kleiner.

Besuchte Städte im Land Salzburg (6 von 11 Städten)

Top 50-Städte Österreich
Salzburg, Bad Gastein, Hallein, Zell am See

Weitere Städte (kursiv: andere Orte)
St. Johann im Pongau, Oberndorf, *Schwarzach, St. Veit*

1.8 Tirol

Im Inntal hat Tirol eine Kette interessanter historischer Städte zu bieten, die von Innsbruck über Hall, Schwaz und Rattenberg immer kleiner werden. In Innsbruck war ich bereits etwa 10x, in den anderen Städten erst einmal. Tirol hat zudem interessante Wintersportorte, so Kitzbühel, den exklusivsten und teuersten Ort Österreichs.

Städte in den Top 50 Österreich (❖)

❖ Innsbruck

Innsbruck ist eine Art Hauptstadt der Alpen, denn Tirol sieht sich als Herz der Alpen und Innsbruck liegt mittendrin. Wichtiger Knoten im Ost-West und Nord-Südverkehr durch die Alpen, hat Innsbruck sowohl im Norden als auch im Süden ein Bergpanorama. Im Krieg teilweise von Bomben getroffen, wirkt die Altstadt doch perfekt erhalten mit Höhepunkten wie dem Goldenen Dachl, dem Dom und der Hofburg und Häusern im an Italien erinnernden Innviertelstil. Nach Wien und Salzburg ist Innsbruck für mich die drittattraktivste österreichische Großstadt. Im Dezember 2019 besuche ich eine Opernaufführung in Innsbruck.

38

❖ Hall in Tirol

Die ehemalige Salzstadt Hall hat die größte Altstadt Tirols. Diese ist zudem in ihrer historischen Architektur geschlossen erhalten. Fast südländisch wirken die engen Gassen durch die Häuserschluchten. Ein Spaziergang durch diese Altstadt beeindruckt mich im Dezember 2021 sehr. Nur das Schloss Halls ist ein bisschen zwischen Straßen und Bahngleisen eingeklemmt.

❖ Rattenberg

Mit 440 Einwohnern und einer Fläche von 0.1 km^2 ist Rattenberg die kleinste Stadt Österreichs. In der Stadt gibt es nur 93 Gebäude. Diese sind durchlaufend nummeriert. Rattenberg machte Anfang der 2000er Jahre Schlagzeilen, durch den Plan, große Spiegel aufzustellen, um die Stadt aus ihrem dreimonatigen Winterschatten zu erlösen, welcher vom nahegelegenen Schlossberg ausgeht. Das Projekt wurde jedoch nicht verwirklicht. Als ich die Stadt im Dezember 2021 besuche, bin ich beeindruckt von ihrer Geschlossenheit und architektonischen Einzigartigkeit. Es gibt auf sehr kleinem Raum viel zu entdecken, fast jedes Gebäude ist sehenswert.

❖ **Ehrwald**

Im September 2016 besuchte ich zum ersten Mal die Zugspitze. Mit Zahnradbahn und Seilbahn ging es hinauf. Auf der österreichischen Seite ging es per Seilbahn wieder hinab. Ehrwald ist ein hübscher Ort im durchgehend alpenländischen Baustil, eingebettet in ein herrliches Bergpanorama.

❖ **Kitzbühel**

Kitzbühel ist einer der mondänsten Wintersportorte und durch das Hahnenkammrennen berühmt. Hier gibt sich der Jetset ein Stelldichein. Nirgends in Österreich erreichen die Quadratmeterpreise höhere Werte. Auch der deutsche

Geldadel ist hier vertreten, vor allem aus dem süddeutschen Raum. In der sehenswerten perfekt sanierten Innenstadt wird der Einzelhandel von Luxusläden dominiert.

❖ **Kufstein**

Unweit der Grenze zu Bayern gelegen, gehört Kufstein mit seiner Festung und der pittoresken Altstadt zu den schönsten Städten Tirols.

❖ **Schwaz**

Schwaz ist eine alte Silberstadt, mit kleinerer, weniger geschlossener Altstadt als Hall. Dennoch sieht man auch in Schwaz, dass die Stadt früher reich war. In der Altstadt fällt neben der Pfarrkirche Maria Himmelfahrt das interessant bemalte Rathaus auf.

41

Andere Orte

Reutte

Die Bahnlinie von Garmisch nach Kempten verläuft teilweise über österreichisches Gebiet. Sie wird deshalb auch Außerfernbahn genannt und ist alles außer einer Fernbahn. Manchmal muss man dabei in Reutte umsteigen. Im September 2015 komme ich hier von Ehrwald an und sehe einen soliden, aber kleinen Ort, der, obwohl Bezirkshauptort, nicht zur Stadt erhoben wurde.

Serfaus

Als ich mich für öffentliche Schienenverkehrssysteme interessierte faszinierte mich Serfaus als Bergdorf mit eigener U-Bahn. Dabei handelte es sich um eine unterirdische 1.3 km lange Luftkissenbahn, die von einem Seil gezogen wird (also eine Art Standseilbahn) und welche den vor dem Ort liegenden Parkplatz mit einer Bergbahnstation am Ortsende verbindet. Im Jahre 2000 komme ich extra hierher, um diese Bahn zu sehen und einmal mit ihr zu fahren.

42

Wörgl

In Wörgl bin ich bei einem Besuch im Dezember 2021 von der Bahnhofsstraße fasziniert. Dort sind Bodenplatten eingelegt, die wichtige Meilensteine der Weltgeschichte und von Wörgl zeigen. Auf den Platten ist auch der jeweilige fiktive Geldwert in Euro angegeben, hätte man im Jahr eins einen Euro zu drei Prozent Zinsen angelegt. Am Schluss ergibt sich ein Betrag mit 26 Stellen.

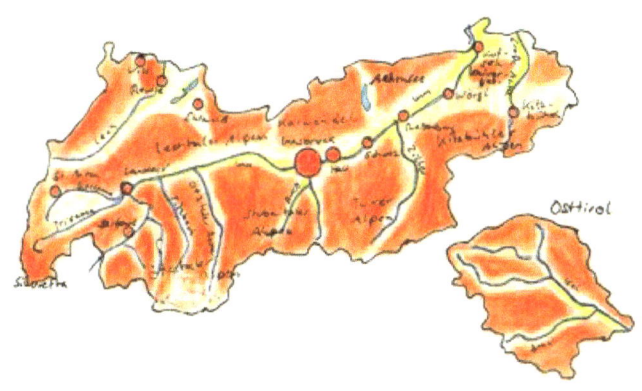

Handskizze Tirol

Besuchte Städte in Tirol (9 von 11 Städten)

Top Städte/Orte
Innsbruck, Hall, Rattenberg, Kitzbühel, Kufstein, Schwaz, *Ehrwald*

Weitere Städte und Gemeinden
Landeck, Reutte, Vils, Wörgl

43

1.9 Vorarlberg

In Vorarlberg gibt es nur 4 Gemeinden mit Stadtstatus: die Landeshauptstadt Bregenz, Dornbirn, die größte Stadt, Feldkirch und Bludenz. Etwa 60% der 400 000 Einwohner Vorarlbergs leben im teilweise zersiedelten Rheintal. Die Ortschaften zwischen Autobahn und Rhein gehören dabei nicht zu den attraktivsten des Landes. Alle 4 Städte des Landes habe ich bereits besucht. Am häufigsten war ich in Bregenz (ca. 10x), mehr als 5 x auch in Feldkirch (meist am Bahnhof) und Bludenz, erst 2x in Dornbirn.

Städte in den Top 50 Österreich (❖)

❖ Bregenz

Eine in der Schweiz lebende Bekannte, die oft mit dem Zug von Zürich in ihre Heimatstadt München unterwegs war und dann die dazwischen liegende Haltebahnhöfe erkundigte, stieg einmal in Bregenz aus und beschrieb die Stadt als hässlich. Das ist allerdings schon fast 30 Jahre her und die Stadt ist seither moderner und frischer geworden. Viele versäumen es auch, in die Oberstadt zu gehen, wo eine kleine Altstadtidylle bewahrt wurde. In der Unterstadt und am Bodensee einige mediokre modernistische Bausünden, wozu fast auch der Hauptbahnhof gehört, der mittlerweile abgerissen werden soll. Auch das Kunsthaus Bregenz ist von außen nicht besonders ansehnlich, hat es aber in sich. Richtung Süden, den Bahnkorridor entlang, findet sich eine etwas gesichtslose Zersiedelung. Höhepunkte sind dagegen neue Einfamilienhäuser in den Hängen im Stil der Vorarlberger Moderne. Aber hierhin kommen Touristen nicht.

❖ Dornbirn

Mit 50 000 Einwohnern ist Dornbirn die größte Stadt Vorarlbergs und zehntgrößte Österreichs. Einst ein unbedeutender Ort, hat die Entwicklung der Textilindustrie der Stadt ab Ende des 19. Jahrhunderts einen Aufschwung gebracht. Nach dem Zweiten Weltkrieg bis zur Krise in den 1970er Jahren, als es mit der Textilindustrie bergab ging, wurden in Dornbirn etliche Gastarbeiter angeworben, vor allem aus der Türkei. Noch heute ist Dornbirn die Stadt in Vorarlberg mit dem höchsten Anteil der Bevölkerung mit Migrationshintergrund. Weil Dornbirn lange eher ein Dorf war, gibt es kein großflächiges historisches Stadtzentrum. Der Marktplatz mit der Stadtpfarrkirche und dem Lugerhaus weist jedoch eine interessante eklektizistische Architekturmischung auf.

❖ Bludenz

Bludenz ist eine freundliche, kleine Alpenstadt mit Laubengängen und kompakter adretter Altstadt. Den Ort habe ich öfters besucht, weil hier eine Kollegin lebte. Hier halten sogar internationale Züge, die Stadt ist zudem Tor ins Montafon.

❖ Feldkirch

Feldkirch fasziniert durch die Bedeutung seines Bahnhofs in der Literaturgeschichte. Hier stieg einst James Joyce um und Carl Zuckmayer bangte hier um den Grenzübertritt als er von den Nazis aus Österreich in die Schweiz floh. Ein Zuckmayer-Zitat findet sich an der Bahnhofswand.
Ansonsten ist Feldkirch die Stadt in Vorarlberg mit der vielleicht schönsten Innenstadt. Der Marktplatz mit Brunnen und Arkadengängen wirkt fast schweizerisch proper.

Carl Zuckmayer-Zitat an der Bahnhofsmauer

<u>Andere Orte</u>

Bezau

Bezau ist keine Stadt, aber bemerkenswert als Hauptort des Bregenzer Waldes und Endpunkt der historischen und originellen Bregenzerwaldbahn, einer 760 mm Schmalspurbahn, von welcher heute noch 5 km bis Bezau erhalten geblieben sind. Außer der Stadtkirche St. Jodok gibt es in Bezau jedoch kaum herausragende Bauwerke. Im ganzen Bregenzer Wald gibt es aber viele Beispiele des modernen unverschnörkelten Vorarlberger Architekturstils, der viel auf Holz setzt.

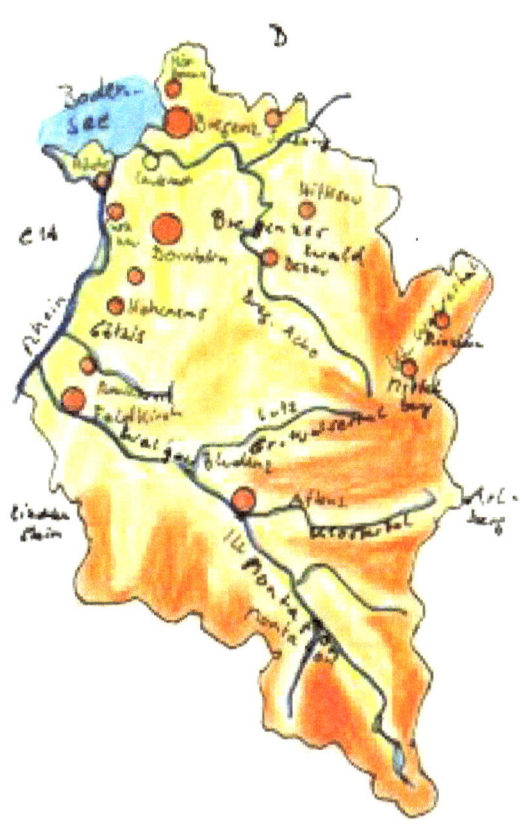

Besuchte Städte in Vorarlberg (5 von 5 Städten, 10 weitere Gemeinden und Marktgemeinden)

Top Städte
Bregenz, Dornbirn, Feldkirch, Bludenz

Weitere besuchte Gemeinden/Marktgemeinden
Götzis, Hard, Hittisau, Höchst, Hörbranz, Hohenems, *Hohenweiler, Lustenau, Lochau, Mittelberg, Rankweil.*

47

2. Liechtenstein

Liechtenstein ist ein winziges Land, gerade halb so groß wie die Stadt München (160 km^2) und mit der Einwohnerzahl einer Mittelstadt (38 000 Einwohner). In Liechtenstein gibt es 11 Gemeinden, keine davon mit offiziellem Stadtstatus, aber Schaan und Vaduz haben die Anmutung kleiner Städte. Liechtenstein gilt als Steuerparadies, wirtschaftlich geprägt durch Banken und andere Finanzdienstleister, ist aber tatsächlich eines der Länder der Welt mit dem höchsten Wertschöpfungsanteil des verarbeitenden Gewerbes. Firmen wie Hilti und Ivoclar tragen zum Ruf eines Precision Valley bei. Eine Besonderheit verbindet Liechtenstein mit Usbekistan. Es ist ein Binnenland, welches ganz von Binnenländern umgeben ist.
Außerdem wird kaum ein Land so häufig falsch geschrieben (Lichtenstein wie der US-Maler).

❖Vaduz

Vaduz ist die Hauptstadt von Liechtenstein, hat aber eigentlich nicht den Status einer Stadt und ist mit 5700 Einwohnern nicht einmal die größte Gemeinde des Landes. Im Januar 2020 weilte ich an einem Samstag um 17:00 in der Fußgängerzone von Vaduz. Fast alles war bereits geschlossen. Da kam ein italienisches Pärchen auf mich zu und fragte, wo hier die Ausgehmeile wäre. Ich antwortete, das ist hier nur ein ganz kleiner Ort, es ist Winter und die Bevölkerung ist sehr arbeitsam und geht früh zu Bett. Mit Nachtleben wäre hier nicht viel. Sie schauten erstaunt und, beschlossen daraufhin, nach St. Gallen zu fahren. Was Museen betrifft, spielt Vaduz jedoch in einer anderen Liga. Das Kunstmuseum Liechtenstein ist ein beeindruckender minimalistischer dunkler Klotz. 2015 wurde es um den weißen Klotz der Hilti Art Foundation erweitert. Dann gibt es noch das Landesmuseum und den Engländerbau als Ausstellungshalle mit Postmuseum. Auf der Hauptachse das Regierungsgebäude das moderne Landtagsgebäude und darüber auf einem Hügel thronend das Schloss Vaduz. Wirtschaftlich spielt Vaduz mit seinen vielen Kreditinstituten und Finanzdienstleistern ebenfalls nicht gerade in einer Dorfliga. Vaduz ist klein, aber auf jeden Fall einen Tagesausflug wert und ich bin immer wieder gerne im wohlhabenden Liechtenstein, wo ein angenehmer alemannischer Dialekt gesprochen wird.

49

Schaan

Schaan ist mit 6000 Einwohnern die größte Gemeinde des Landes und wie Vaduz ohne Stadtstatus. Hier findet sich auch einer der vier Bahnhöfe von Liechtenstein, der Schaan-Vaduz heiß, obwohl er nur auf Schaaner Gebiet liegt. Allerdings steigen hier nur sehr wenige Leute ein und aus. Vor dem Bahnhof ein Busbahnhof als zentraler Knoten des öffentlichen Verkehrs Liechtensteins. Hier besteht auf einer Nord-Süd-Achse vertakteter Busverkehr. Ansonsten ist Schaan der wichtigste Industrieort des Landes. Hier sitzt das Hightech Unternehmen Hilti AG, der Lebensmittelhersteller Hilcona und das Dentalunternehmen Ivoclar. Sowohl Hilcona als auch Hilti wurden von Brüdern der Familie Hilti in den Jahren 1935-1941 gegründet. Schaan ist Verkehrsknotenpunkt und Industriestadt, hat aber Touristen dennoch weit weniger zu bieten als Vaduz, wo es Museen und Regierungsgebäude gibt.

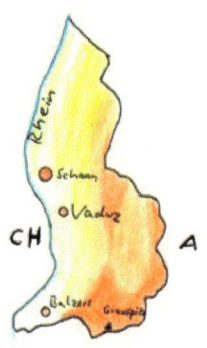

Besuchte Gemeinden in Liechtenstein (4 von 11)
Top Gemeinde: **Vaduz**

Andere: Schaan, Balzers, Triesen.

50

3. Schweiz

Die Schweiz ist eines der Länder mit der höchsten Dichte an sehenswerten Städten. Das hat mehrere Gründe. Zum einen sind viele Städte in eine wunderbare Topografie eingebettet. Sie liegen oft an Ufern von Flüssen und Seen, an Hängen oder vor einem Alpenpanorama. Da es praktisch keine Kriegszerstörungen gab und aufgrund des schon langanhaltenden Wohlstandes sind die Altstädte oft sehr gut erhalten. Zusätzlich macht die regionale Vielfalt der Schweiz mit unterschiedlichen Sprachen, Klimazonen und Traditionen die Stadtlandschaft abwechslungsreich. Unterstützend wirkt zudem die föderale Struktur mit vielen Kantonen und Kantonshauptstädten ohne dominierende Metropole. Negativfaktoren gibt es jedoch auch. Das Mittelland ist dicht besiedelt und Wohnen, Gewerbe und Verkehr müssen sich Flächen teilen. Die Schweiz ist zudem industriestark und an den Stadträndern sind oft öde Gewerbebauten zu sehen. Eine Großstadt wie Zürich hat deshalb auch hässliche Seiten. Das starke Bevölkerungswachstum hat zudem zu vielen recht nüchternen Wohnblöcken geführt. Dennoch, was die Altstädte selbst betrifft, sind diese oft von einer Makellosigkeit, die seinesgleichen in Europa sucht. Oft habe ich das bei Kleinstädten an der Aare so empfunden. In der französischsprachigen Schweiz hat der Calvinismus in manchen Fällen zu viel Nüchternheit geführt. Im Tessin trifft Schweizer Perfektion auf italienischen Charme in einer atemberaubenden Landschaft. In meiner Sammlung Schweizer Städte gibt es noch viele kleinere Lücken. Die Liste der Top-Städte wird sich bei Neuauflagen deshalb sicher noch ein bisschen verändern. In der zweiten Auflage wurden hauptsächlich Ostschweizer Städtelücken geschlossen.

3.1 Kanton Zürich und Schaffhausen

Kanton Zürich

Der Kanton Zürich ist städtereich, wird jedoch sehr stark von der Stadt Zürich dominiert. Außer der Kantonshauptstadt ist nur Winterthur sehenswürdig.

❖ Zürich

Zürich ist fast eine Idealstadt. Wohlhabend, international, perfekte Altstadt, herrliche Topografie mit Bergen und einem großen See. Auch das kulturelle Angebot ist nicht ohne, mit prächtigem Opernhaus, Theatern, hervorragenden Kunstmuseen, vielen Kinos sowie einer off-Kultur. Für einen Eisenbahnfan ist Zürich mit seinem großen Hauptbahnhof, der immer weiter zu wachsen scheint, und den guten Bahnverbindungen in alle Richtungen zudem sehr attraktiv. Zudem gibt es allerlei Verkehrsmittel wie Standseilbahnen, Zahnradbahnen, Straßenbahnen und sogar Schiffe. Zürich hat jedoch auch raue, fast hässliche Seiten, vor allem am Bahnkorridor nach Westen. Viele Schweizer vermeiden diese für sie zu hektische und große Stadt, die sich in den letzten Jahrzehnten immer mehr zu einer europäischen Metropole entwickelt. Ich habe zwei Jahre in Zürich gelebt und mich anfangs in der Stadt sehr wohl gefühlt, ihre problematischen Seiten wie die Wohnungsnot und das hohe Preisniveau aber auch kennengelernt. Anfang der 1990er Jahre gab es zudem am Platzspitz am Hauptbahnhof eine schockierende offene Drogenszene, wo Heroin auf offener Flamme gekocht wurde. Das ist längst Vergangenheit, doch Abwasserdaten zeigen einen weiterhin hohen Drogenkonsum, zumindest, was Kokain betrifft. In den pittoresken engen Altstadtgassen des Niederdorfs oder an den beschaulichen Ufern des Zürichsees (die *Goldküste* liegt dabei am Nordufer) vergisst man diese Seite jedoch schnell wieder.

❖ Winterthur

Mittlerweile hat die Industriestadt Winterthur die 100 000-Einwohner-Marke überschritten und gehört damit zu den sechs größten Städten der Schweiz. Winterthur ist eine grundsolide und vom Charakter eher ruhige Stadt. Als es im Sommer 1980 in Zürich zu den sogenannten Opernhauskrawallen kam hieß es auch, *Züri brännt, Winti pennt*. Winterthur ist weniger pittoresk als viele andere Schweizer Städte und auch weniger schön gelegen, denn es gibt weder einen bedeutenden Fluss noch einen See oder Berge in der Stadt. In Winterthur gibt es jedoch einige bedeutende Kunstmuseen, teilweise von örtlichen Industriellen gestiftet, wie das Oskar-Reinhart-Museum. Das Fotomuseum Winterthur ist von nationaler Bedeutung. Man sagt, zumindest in der westlichen Schweiz, die Schweiz höre in Winterthur auf.

Uster

Uster ist überraschenderweise die drittgrößte Stadt des Kantons Zürich und seit dem Bau der S-Bahn als Pendlerstadt stark gewachsen. Im Jahre 1992 besuche ich die Stadt, um am Greifensee spazieren zu gehen. Die Stadt selbst ist unspektakulär, mit nur kleinem und wenig pittoresken historischen Stadtkern. Mit dem Schloss Uster gibt es jedoch ein kleines historisches Highlight.

Kilchberg

In den unspektakulären Zürcher Vorort Kilchberg, am linken Zürichsee-Ufer gelegen, fahre ich Anfang der 1990er Jahre, um das Grab von Thomas Mann, der hier 1954-1955 lebte, zu besuchen. Auf dem Friedhof des Ortes sind auch seine Frau Katja Mann und seine Kinder Klaus, Erika und Golo begraben.

❖ Schaffhausen

Schaffhausen ist eine fast perfekt anmutende mittel-alterliche Puppenstubenstadt, attraktiv am Rhein gelegen. Man glaubt kaum, dass sie als eine von wenigen Schweizer Städten im Krieg bombardiert und teilweise zerstört wurde.

Auch der von Bomben getroffene Bahnhof sieht schweizerisch perfekt aus. Durch Schaffhausen führt eine DB-Strecke, so dass ich immer wieder hier durchkomme oder umsteigen muss. Im Jahre 2018 bin ich in Schaffhausen, um das Kunstmuseum Allerheiligen zu besuchen.

❖Stein am Rhein

Stein am Rhein kann eine perfekt erhaltene, unglaublich pittoreske Altstadt vorweisen. Es ist mit den interessant bemalten Altstadtfassaden, den kleinen Erkern an den Häusern und dem historisch geschlossenen Stadtbild eine der schönsten Städte in der nördlichen Schweiz.

3.2 Thurgau

Der Kanton Thurgau, scherzhaft Mostindien genannt (einst war das Birnenmost, seine geographische Form erinnert sogar an ein gestauchtes Indien) ist einer der Kantone mit der höchsten Dichte an sehenswerten Kleinstädten. Alle acht Städte des Kantons habe ich besucht. Außer Amriswil und Kreuzlingen haben alle Städte eine hübsche Altstadt. Top-50 Orte sind mit einer Raute markiert.

❖ Frauenfeld

Frauenfeld, Hauptstadt und mit 26 000 Einwohnern größte Stadt des Thurgaus, beeindruckt durch seine perfekt sanierte Altstadt. Diese wurde ab dem 13. Jahrhundert auf einem Rechteck einer Hochfläche über der Murg erbaut. Kommt man vom Bahnhof, muss man die Altstadt fast erklimmen. Als ich die Stadt im Februar 2022 besuche bin ich erstaunt, dass die Stadtkirche St. Nikolaus, welche die Silhouette dominiert, erst Anfang des 20. Jahrhunderts erbaut wurde, in neobarockem Stil mit Jugendstilelementen. Bei meinem Besuch ist zudem der Karneval in der katholischen Stadt gerade voll im Gange, mit origineller Fastnachtstracht. Mit repräsentativen Post- und Bankgebäuden der Jahrhundertwende wirkt Frauenfeld wie eine kleine Hauptstadt. Nur das nüchterne Bahnhofsgebäude begeistert mich weniger.

St. Nikolaus

55

❖ Weinfelden

Vom Bahnhof kommt man erst durch eher gesichtslose Viertel und so wirkt Weinfelden zunächst nicht so hübsch, wie andere Thurgauer Städte. In der Altstadt entdeckt man jedoch etliche sehenswerte historische Gebäude, darunter ein prächtiges barockes Rathaus, das Gasthaus zum Trauben, pittoreske Fachwerkhäuser und die neoromanische Reformierte Kirche mit ihrer Jugendstilausstattung, sowie ältere Häuser mit Schindelfassaden.

Reformierte Kirche

❖ Bischofszell

Überraschend hübsch und in ihrer historischen Architektur gut erhalten ist die Altstadt von Bischofszell. Auch die Lage an einem Hang über der Thur ist interessant und die Umrisse der Altstadt sind durch die Wegeführung und kleine Parks gut erlebbar. Als ich im Februar 2022 die Stadt besuche, staune ich und bleibe länger als geplant.

❖ Diessenhofen

Diessenhofen ist ein unglaublich pittoreskes kleines architektonisches Schatzkästlein mit einer historischen

Altstadt ohne Bausünden, mit Türmchen, bunten Häusern, teilweise mit Fachwerk, beschaulichen Plätzen und sehr schön am Ufer des Hochrheins gelegen.

Steckborn liegt fast noch schöner, direkt am Untersee. Die Altstadt ist jedoch nicht ganz so pittoresk und geschlossen wie die von Diessenhofen.

Andere Orte

Romanshorn

Romanshorn ist eine moderne Stadt ohne Sehenswürdigkeiten. Das besondere an ihr ist der Fährverkehr mit Friedrichshafen. Einst wurde hier sogar Eisenbahnfährverkehr betrieben. Mittlerweile spielt der Kraftfahrzeugtransport eine große Rolle. Hier bin ich schon mehrere Male über den Bodensee gefahren, um ins heimatliche Allgäu zu kommen.

Arbon

Anders als Romanshorn hat das am Bodensee gelegene Arbon einen kleinen pittoresken mittelalterlichen Stadtkern mit Türmchen und urigen Fachwerkhäusern. Im Februar 2015 bin ich hier und genieße die Architektur der Stadt.

Handskizze Thurgau

Besuchte Städte im Thurgau: 8 (alle)

Top Städte
Frauenfeld, Weinfelden, Diessenhofen, Bischofszell

Weitere besuchte Städte und Gemeinden
Aadorf, Amriswil, Arbon, Romanshorn, Steckborn.

3.3 St.Gallen, Appenzell und Glarus

❖ St. Gallen

Zu den attraktivsten und interessantesten Schweizer Städten gehört für mich St. Gallen. Die Stadt hat nicht die Seen, Flüsse oder Berge anderer Schweizer Städte, macht das aber wett durch vielfältige Architektur, vom Mittelalter bis zur Moderne und ein sehr berühmtes Kloster mit der Stiftsbibliothek St. Gallen. Stiftskirche und Bibliothek finden sich auf der UNESCO-Welterbeliste. Im Frühjahr 2019 besuche ich in St. Gallen eine Opernaufführung und bin erstaunt über die mutige Architektur des brutalistischen Theatergebäudes aus den 1960er Jahren (Spottname Müllverbrennungsanlage). Lange von der Textilindustrie geprägt, kämpft St. Gallen stärker als andere Schweizer Städte um seine wirtschaftliche Zukunft, ist dabei aber auf gutem Wege. St. Gallen zieht auch viele deutsche Zuwanderer an, 7% der Bevölkerung kommen bereits aus Deutschland.

❖ Wil

Wil hat eine kleine, etwas abseits der Haupteinkaufsstraße auf einem Landrücken gelegene ruhige Altstadt, die jedoch durch den Hof, den Sitz des ehemaligen Fürstabtes, in ihrer Architektur beeindruckend wirkt und sehr geschlossen ist. Die restliche Stadt zeigt die Geschäftigkeit und Nüchternheit des zweitgrößten Ballungsraumes der Ostschweiz.

❖ Altstätten

Altstätten ist eine solide Kleinstadt am Rande des Rheintals, mit einer Vergangenheit als Textilstadt. Auf dem Weg nach St. Gallen komme ich 2016 hier vorbei und finde einen eng bebauten historischen Stadtkern, mit einer Marktgasse als Haupteinkaufsstraße und einer katholischen Barockkirche.

❖ Rorschach

Rorschach hat nur 10 000 Einwohner, wirkt aber deutlich größer und urbaner. Das liegt an den engen Gemeindegrenzen, das Stadtgebiet ist nur 1.8 km^2 groß. Die Agglomeration hat etwa 35 000 Einwohner. Im Februar 2015 schaue ich mir in Rorschach das eindrucksvolle Würth-Kunstmuseum zwischen Bahngleisen und Bodenseeufer an. Der nach Hermann Rorschach benannte Test hat übrigens nichts mit der Stadt zu tun.

60

Kanton Appenzell (Ausserrhoden, Innerrhoden)

Als der Herrgott über die Ostschweiz lief, mit einem Sack voller Gebäude, mit denen er Städte formen wollte, riss der Sack an einem Berg auf und die Gebäude purzelten übers Land. So erklären sich die Bewohner die verstreute Besiedlung des Appenzells, mit den freistehenden Höfen. Der Kanton ist in zwei Halbkantone gespalten, das katholische Innerrhoden und das protestantische Ausserrhoden.

❖ Herisau

Herisau, der Hauptort von Ausserrhoden, hat nicht den Status einer Stadt, wirkt aber städtisch. Das historische Postgebäude sieht so prächtig aus wie das Opernhaus einer kleinen deutschen Residenzstadt. In Herisau verbrachte der geniale Schriftsteller Robert Walser ein paar Jahre. Deshalb gibt es im Ort einen Robert-Walser-Weg.

Postgebäude

❖ Appenzell

Obwohl der Ort über 5000 Einwohner hat, ist Appenzell ein Dorf und keine Stadt. Appenzell ist ein sehr pittoresker und schön in einer Kulturlandschaft gelegener Ort. Viele Gebäude zeigen sehr detailliert gestaltete bunte Holzfassaden, wie man sie kaum woanders sieht.

61

Kanton Glarus

❖ Glarus

Im Kanton Glarus gibt es nach einer Gebietsreform seit Januar 2011 nur noch 3 Gemeinden. Eine davon ist die Stadt Glarus, mit 12 000 Einwohnern nicht die größte der drei Gemeinden. Weil ein Großbrand im Jahre 1861 weite Teile der Stadt verwüstete und der Wiederaufbau sich an einem rechtwinkligen Raster orientierte, hat die Stadt nicht die gemütliche Verwinkeltheit mittelalterlicher Schweizer Orte.

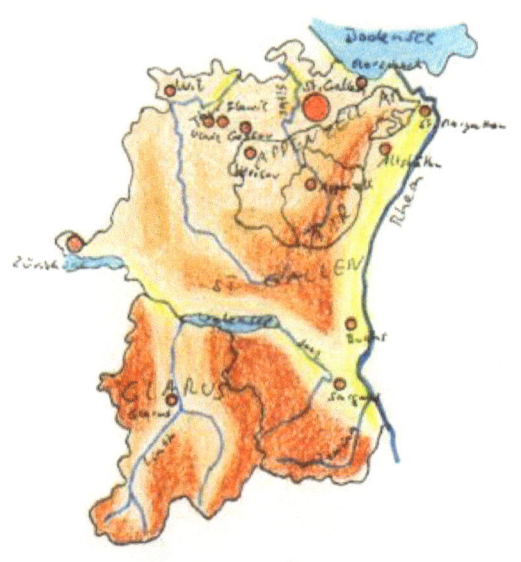

Besuchte Städte in der Ostschweiz: 8 (alle)

Top Städte/Gemeinden
SG: **St. Gallen, Wil, Altstätten, Rorschach**
Appenzell: **Herisau, Appenzell,** Glarus: **Glarus**

Weitere besuchte Städte und Gemeinden:
Buchs, Gossau, Flawil, Sargans, Uzwil, St. Margrethen, Rapperswil-Jona

62

3.4 Graubünden

Graubünden ist der flächenmäßig größte Kanton. Da er vollständig in den Alpen liegt, hat er auch die meisten Berge. Zudem ist es ein dreisprachiger Kanton. Neben Deutsch und Italienisch wird hier auch Rätoromanisch gesprochen. Die kleineren Orte sind oft noch von uriger solider bündnerischer Architektur geprägt. In den größeren Orten überwiegen oft recht gesichtslose Neubauten.

Top 50 Orte Schweiz/Liechtenstein

❖ **Chur**

Chur ist die Hauptstadt und größte Stadt Graubündens und sieht sich zudem als älteste Stadt der Schweiz. Das Klima ist hier, allseits von Bergen geschützt, überraschend mild. Mein letzter Besuch in Chur liegt fast 30 Jahre zurück und ich kann mich eigentlich fast nur an den transparent überdachten Bahnhof und vage an eine attraktive solide Altstadt erinnern. Mit über 30 000 Einwohnern ist Chur eine florierende und dynamische Mittelstadt und der sehenswerteste Ort Graubündens.

❖ **St. Moritz**

St. Moritz hat einen Namen als sehr exklusiver Jet-Set-Wintersportort, was sich auch an vielen Luxushotels zeigt, zum Teil mit grandioser historischer Architektur. St. Moritz liegt an einem See und eingebettet in beeindruckende Berglandschaft. Insgesamt ist der Ort architektonisch jedoch eher atmosphärelos, ein historischer Altstadt- oder Dorfkern fehlt, und es überwiegen eher nichtssagende Wohn- und Hotelbauten.

❖ Müstair

In diese sehr abgelegene Ecke der Schweiz und Graubündens fuhr ich mal, um das Kloster St. Johan zu besuchen. Dieses stammt aus karolingischer Zeit (8. Jahrhundert), ist recht gut erhalten und seit 1983 auf der UNESCO-Liste des Weltkulturerbes.

Andere Orte.

Davos

Durch Thomas Manns Zauberberg (1924) und als Veranstaltungsort des Weltwirtschaftsforums, welches in Vor-Corona-Zeiten jedes Jahr Ende Januar stattfand, ist Davos weltweit bekannt. Wer einen heimeligen, von Chalets prägten Schweizer Bergort erwartet, wird jedoch etwas enttäuscht. Die Stadt besteht hauptsächlich aus architektonisch nichtssagenden Blöcken. Im Winter 2012 war ich hier, um das Kirchner-Museum zu besuchen und fand außer diesem modernen Museum nur wenig Interessantes.

Pontresina

Im an der Rhätischen Bahn gelegenen, schön in die Berglandschaft eingebetteten Pontresina fallen die beeindruckenden historischen Hotelbauten auf. Die historische Dorfarchitektur tritt allerdings hinter immer mehr modernen klotzartigen Bauten zurück

Samedan

Anfang der 1990er Jahre übernachtete ich einmal im gut per Bahn erreichbaren Dorf Samedan und war angetan vom Ortsbild mit der urigen und soliden Bündner Architektur.

3.5 Nordwestschweiz (Aargau, Basel, Solothurn)

Kanton Basel-Stadt und Basel-Land

❖ Basel

Basel verfügt über eine perfekte Altstadt, beeindruckend auf einem Hügel über dem Rheinufer gelegen. Andererseits wir man bei einem Blick nach Norden auch gewahr, wie nahe die Chemiefabriken am Stadtkern liegen. Weil hier die Chemieindustrie viel Geld in die Kassen spült, die Berge aber weit weg sind, hat man den Anspruch, die führende Kulturstadt der Schweiz zu sein. Als Kulturmetropole hat Basel eine lebendige Musikszene, Museen von Welt-bedeutung und Theater mit internationaler Ausstrahlung. Hier habe ich selbst bereits etliche Kunstausstellungen besucht und Opernaufführungen erlebt. Basel ist auch stolz darauf Fußballstadt zu sein mit dem größten Fußballstadion der Schweiz. Das betont man gern gegenüber dem Stadt- und Fußballrivalen. Zürich. Zudem liegt Basel interessant in einem Dreiländereck, wodurch es einen Badischen (DB), Schweizer (SBB) und französischen Bahnhof gibt.

❖ Laufen

Laufen ist eine kleine Landstadt schön am Fluss Birs im Jura gelegen, die ich im Jahre 1998 besuche und mit ihrer gut erhaltenen Altstadt pittoresk finde.

Andere Orte

Riehen

Ganz im Norden des Kantons Basel-Stadt liegt der wohlhabende und gediegene Basler Vorort Riehen. Ein besonderer Anziehungspunkt ist die Fondation Beyeler, mit dem spektakulären, von Renzo Piano entworfenen Museumsbau. Ausstellungen der Fondation waren der Grund, weshalb ich bereits mehrmals in Riehen war.

❖ Aarau

Meine Cousine wohnt in der Nähe von Aarau, deshalb komme ich recht häufig in diese Stadt. Es ist eine dieser perfekten Schweizer Städte, die zudem Altes und Neues auf interessante Weise kombinieren. Besonders der Altstadtteil zur Aare hin ist pittoresk. An der gläsernen Bahnhofsfassade fällt die riesige Bahnhofsuhr auf, die größte im Lande.

❖ Baden

Im eisenbahnmäßig gut erreichbaren Baden bin ich immer wieder gerne. Die Stadt kombiniert eine perfekte Schweizer Altstadt mit guten Einkaufsmöglichkeiten mit den Funktionen einer Bäderstadt und ist zudem Industriestadt.

❖Aarburg

Blickt man über die Aare zur Kirche und Festung von Aarburg, welche auf einem Felsen über der Stadt thronen, wirkt Aarburg sehr pittoresk und sehenswert. Eine genauere Erkundung zeigt jedoch, dass der Rest der Altstadt sehr klein ist. Die Festung beeindruckte mich jedoch bei meinem Besuch im Jahre 2018 sehr.

❖ Laufenburg

Laufenburg ist eine kleine, pittoresk am Rhein gelegene Landstadt mit gut erhaltenem Ortskern. Laufenburg gibt es gleich zweimal, nördlich des Rheins findet sich das ähnlich große und ebenfalls mittelalterliche badische (deutsche) Laufenburg.

❖ Solothurn

Solothurn, Hauptort des namensgleichen und sehr seltsam zugeschnittenen Kantons, war für mich immer eine der schönsten Schweizer Barockstädte. Bei meinem letzten Besuch im Frühjahr 2019, als ich dort in die Oper ging, war ich jedoch aufgrund schlechten Wetters weniger begeistert. Die Stadt liegt schön an der Aare, die dortige Promenade kommt aber bei Regenwetter einfach nicht so gut zur Geltung. Schön ist sie dennoch.

❖ Dornach

Dornach ist eine schön gelegene, überraschend hübsche Stadt. Sie ist Pilger-Ziel für Steiner-Anhänger, denn hier findet sich das Goetheanum, ein großer, anthroposophisch rundlicher Betonbau in herrlichem Juralandschaft und umgeben von Privathäusern in anthroposophischem Baustil.

❖ Olten

Olten ist ein zentraler Eisenbahnknoten in der Nordwestschweiz und liegt mitten im goldenen Dreieck Basel-Zürich-Bern. Im Bahnhof Olten erinnert ein Nullstein daran, dass von hier aus das Schweizer Eisenbahnnetz vermessen wurde. Wegen der zentralen Lage war das Bahnhofsbuffet (Restaurant) Olten auch Gründungsort zahlreicher Schweizer Vereinigungen, darunter der Schweizerische Fußballbund. Es war zudem ein Treffpunkt der Schweizer Literaturszene, so der Gruppe Olten. Während das Bahnhofsgebiet von nüchterner Architektur geprägt ist und vielen als hässlich gilt, findet sich auf der westlichen Seite der Aare ein kleiner, gut sanierter Altstadtkern, den man über eine Holzbrücke erreichen kann. Bei meinem letzten Besuch war ich überrascht, wie hübsch es hier ist.

Andere Orte

Grenchen

Grenchen ist eine solide, aber nicht besonders pittoreske Industriestadt, die sich auf die Uhrenherstellung spezialisiert hat. Die Gewässer und die beeindruckende Landschaft anderer Schweizer Städte fehlen hier ebenfalls. Als ich die Stadt im Mai 2019 besuche halte ich mich hier nur kurz auf.

3.6 Zentralschweiz (Uri, Schwyz, Unterwalden, Zug, Luzern)

<u>Kanton Luzern</u>

❖ **Luzern**

Das sehr zentral gelegene Luzern ist ein Touristenhotspot und gilt als schweizerischte der großen Mittelstädte des Landes. Luzern hat alles, was die Schweiz ausmacht. Eine wunderschöne Lage an der Mündung eines Flusses und an einem von Bergen umgebenden See, eine perfekte Altstadt und gute Bahnverbindungen in alle Richtungen. Dazu kommen noch besondere Highlights wie die hölzerne Kapellbrücke (welche 1993 abbrannte, worauf Has Stiller sang, *s.brönnt gärn z Luzärn*) und andere Brücken und Stege. Allerdings hat man oft auch das Gefühl, die Stadt wäre overtouristed. Vor allem Besucher aus Übersee zieht sie an, zumindest war es in Vor-Corona-Zeiten so und in der Altstadt reiht sich ein Souvenirladen an den anderen.

Kanton Zug

Zug ist der Kanton mit der niedrigsten Steuerbelastung in der Schweiz und entsprechend wirtschaftsstark und Sitz internationaler Konzerne. Andere Schweizer interpretieren das Kantonskürzel ZG als zu viel Geld. Im Umland von Zug hat der Entwicklungsdruck zu einer Zersiedelung und Verbauung geführt, hier sind die Orte oft etwas gesichtslos.

❖ **Zug**

Zug zählt zu den reichsten und schönsten Schweizer Städten. Die mittelalterliche Altstadt ist perfekt, die Lage am Zuger See wunderschön. Der Entwicklungsdruck um den Bahnhof ist spürbar, aber am schönen Seeufer und in der Altstadt findet man schweizerische Idylle pur.

Kanton Schwyz

❖ Küssnacht

Küssnacht ist die größte Gemeinde des Kanton Schwyz und hat eine Tradition als bevorzugte internationale Reisedestination. Auch Goethe war hier. 1992 besuche ich einen Arbeitskollegen, der in durch traditionelle Architektur geprägten Haus wohnt und bin von der Atmosphäre der Stadt angetan.

❖ Schwyz

Schwyz ist eine Gemeinde ohne Stadtstatus, hat aber baulich alle Merkmale einer Kleinstadt und ist Hauptort des gleichnamigen Kantons. In den 1990er Jahren habe ich den Ort einmal kurz besucht, aber er hat bei mir keine besonderen Eindrücke hinterlassen.

Arth

Am Südende des Zuger Sees liegt Arth. Der Ortsteil Goldau (Bahnhof Arth-Goldau) ist Ausgangspunkt für Fahrten mit einer Zahnradbahn auf den Hausberg der Innerschweiz, die Rigi, von wo man bis nach Zürich blicken kann. 1806 durch einen Bergsturz verschüttet, wurde der Ort später auf dem Schuttberg neu aufgebaut und erlebte durch den Bau der Gotthardbahn einen besonderen Aufschwung. Ich stieg hier 1992 im Bahnhof aus, um die Zahnradbahn zur Rigi zu nehmen und sehe vom unspektakulären Ort selbst nicht besonders viel.

3.7 Kanton Bern

Der größte Kanton der Schweiz ist landschaftlich sehr vielfältig und hat einen großen Anteil an den schönsten Städten des Landes, die Bundesstadt Bern eingeschlossen.

Top 50 Orte Schweiz/Liechtenstein

❖ **Bern**

Bern ist die vielleicht schönste Stadt der Schweiz und zudem eine der schönsten Hauptstädte Europas. Eigentlich ist nur die Bezeichnung Bundesstadt korrekt, denn in der Verfassung wird Bern nirgends als Hauptstadt festgelegt. Die mittelalterliche Altstadt ist mit den vielen Laubengängen und den einheitlich grau verputzten Fassaden in ihrer historischen Anmutung perfekt erhalten und liegt außerdem schön auf dem Landrücken der Aareschlaufe mit Blick auf die Berge des Berner Oberlandes. Für eine Stadt dieser Größe sind außerdem die unglaublichen Passantenströme des Bahnhofs beeindruckend. Auch innerhalb der Stadt interessante Verkehrsmittel, wie Straßenbahnen, O-Busse, Standseilbahnen. Am Bundeshaus, dem Nationalen Parlament, eine Skulptur, die Steine der `Schweizen´ der Welt zeigt. Touristen haben auf der entsprechenden Informationstafel mit Stiften einige Schweizen ergänzt (z.B. Sonsbecker Schweiz). Aber so schön wie in der echten Schweiz und in Bern ist es nirgends.

❖ Thun

Thun ist eine beeindruckende größere Schweizer Mittelstadt. Sie liegt nicht nur sehr schön am Thunersee, sondern wird auch pittoresk durch verschiedene Aare-Arme mit grünlich schimmerndem Wasser durchflossen. In der Altstadt läuft man teilweise auf Hochtrottoirs, was man sonst nur selten sieht. Und über der Stadt thront sogar ein vieltürmiges burgartiges Schloss.

❖ Biel (Bienne)

Biel (Bienne) ist eine solide zweisprachige Industriestadt mit kleiner, aber sehenswerter Innenstadt und repräsentativem Bahnhof. Im Mai 2019 vervollständige ich hier meine Sammlung der Schweizer Opernhäuser in der pittoresken, urigen kleinen Altstadt. Am Bahnhof wird damals gerade das Projekt einer Robert-Walser Skulptur verwirklicht. Der Schweizer Schriftsteller Robert Walser (1878-1956) ist in Biel geboren.

74

❖ Büren an der Aare

Bürens Hauptattraktion ist die bedeckte Holzbrücke über die Aare. Die erste Brücke wurde bereits im 13. Jahrhundert erbaut, aber immer wieder wurden Brücken durch Hochwasser und Feuer zerstört und mussten wieder aufgebaut werden. Im April 1989 wurde die Holzkonstruktion der Brücke durch einen Brandanschlag zerstört. Bis 1991 wurde die Brücke wieder aufgebaut. Nach dreißig Jahren hat die Holzbrücke bereits wieder ein bisschen Patina, man sieht ihr aber dennoch an, dass sie nicht sehr alt ist.

❖ Aarberg

Als ich im Jahre 2018 über den Aarberger Stadtplatz laufe, denke ich unwillkürlich, wie können Schweizer Städte eigentlich nur so perfekt sein, warum sind die Fassaden und Dächer so makellos, warum wirkt alles so sauber und frisch verputzt. Aarberg ist sehr klein (4000 Einwohner), hat aber wie Büren eine Holzbrücke. Diese ist kleiner, aber ebenfalls pittoresk und führt über die Alte Aare.

75

❖ La Neuveville

Diese unglaublich perfekte französischsprachige Kleinstadt (35000 Einwohner) liegt unterhalb von Weinbergen am Bieler See im Kanton Bern. Als ich sie im Mai 2019 besuche, zücke ich in der Fußgängerzone unwillkürlich mein Smartphone, so perfekt ist die verkehrsberuhigte Rue du Marché. In den Hügeln über der Stadt zudem ein Schloss, am See Schiffsanlegestellen.

❖ Moutier

Moutier ist eine unspektakuläre, aber sehr schön im Jura gelegene französischsprachige Kleinstadt. Nur das Rathaus ragt etwas aus der fast dörflichen Architektur heraus. Im März 2021 sprachen sich 55% der Bevölkerung für einen Wechsel in den französischsprachigen Kanton Jura aus. Dieser soll in den nächsten Jahren vollzogen werden.

3.8 Westschweiz: Neuenburg, Freiburg, Jura

Kanton Neuenburg

Vom Jura und vom Neuenburger See geprägter Kanton, in welchem mich bisher noch keine Stadt so richtig begeistern konnte. Nur Neuenburg habe ich bisher mehrmals besucht.

❖ **Neuenburg (Neuchâtel)**

Von Neuenburg war ich bei meinen letzten Aufenthalten etwas enttäuscht. Von anderen Besuchern gepriesen, hatte ich hohe Erwartungen an die schön am Neuenburger See gelegene Stadt. Doch das städtische Umfeld des Bahnhofs ist irgendwie nichtssagend und selbst die Seepromenade unterhalb des Bahnhofs macht nicht viel her. Neuenburg hat jedoch einen wunderbaren Altstadtkern, den ich leider bei meinen letzten Besuchen nicht erkunden konnte.

❖ **La Chaux-de-Fonds**

La-Chaux-de-Fonds ist die Geburtsstadt des weltberühmten Architekten le Corbusier (1887-1965). Außerdem ist die in den kalten Höhenzügen des Jura gelegene protestantisch nüchterne Stadt ein wichtiges Zentrum der Uhrenproduktion. Nach einem Stadtbrand im Jahre 1794 wurde sie in rechtwinkligem Raster wieder aufgebaut. Eine verwinkelte gemütliche Altstadt fehlt jedoch, eher austauschbare Blöcke prägen das Stadtbild. Im Mai 2019 schaue ich mir hier ein sehenswertes Kunstmuseum an.

Le Locle

Le Locle gilt als Wiege der schweizerischen Uhrenindustrie und ist noch heute von diesem Wirtschaftszweig geprägt.

Von der Krise der Uhrenindustrie ist die Stadt dennoch nicht verschont geblieben, es ist eine der wenigen shrinking cities der Schweiz. Bei meinem Besuch im Mai 2019 fällt mir das urige Rathaus, dessen Architektur eher zur Deutschschweiz passen würde, auf. Die Altstadt hat dagegen eher eine französische Anmutung, mit jedoch eher nüchternen protestantischen Kirchenbauten. Eine Überraschung ist der kleine Schräglift, welcher vom Bahnhof in die Unterstadt führt.

Kanton Jura

❖ **Delémont (Delsberg)**

In den 1990er Jahren war ich einmal in Delémont. Mir fiel das gut erhaltene mittelalterliche Stadtbild der Kleinstadt (12 000 Einwohner) auf, mit quadratischem Grundriss und einigen Türmchen und Toren. Delémont ist die Hauptstadt des 1979 durch Abspaltung von Bern entstandenen französischsprachigen Kantons Jura.

Kanton Fribourg

In diesem kleinen Kanton habe ich bisher nur 2 Städte besucht. Beide gefielen mir sehr.

❖ **Fribourg (Freiburg)**

Fribourg/Freiburg liegt an der deutsch-französischen Sprachgrenze, dem Röschtigraben, und ein Graben zieht sich auch topographisch durch die Stadt. Die Altstadt liegt pittoresk und in ihrer historischen Anmutung perfekt erhalten auf einem Landsporn über der Saane. Zweimal war ich

78

bereits in Fribourg, doch jedes Mal zu kurz, um diese sehenswerte Stadt genauer zu erkunden.

❖ Murten

Am Murtensee gelegen, gehört Murten zu den schönsten und in ihrer historischen Anmutung geschlossensten Kleinstädten der Schweiz. Teilweise wirkt Murten wie ein kleines Bern. Die Altstadt ist vollständig von einer Stadtmauer umgeben, mit zahlreichen Türmchen und einem Wehrgang und liegt sehr nahe am Murtensee. Dessen Ufer säumen Grünflächen. Hotelklötze wie am Genfersee gibt es in diesem beschaulichen Idyll nicht.

Altstadt von Murten (Bild: Wikipedia).

3.9 Genfer See Kantone (Genf, Waadt, Wallis)

<u>Kanton Genf</u>

In diesem kleinen Kanton habe ich bisher nur die Stadt Genf besucht, wo ich etwa 10x war.

❖ **Genf**

Mit ihren vielen internationalen Institutionen, vor allem solche der Vereinten Nationen, ist Genf die vielleicht weltweit bekannteste, internationalste und mondänste Stadt der Schweiz. Eine Mehrheit der Bevölkerung hat Migrationshintergrund. Oft sind es Begüterte aus dem englisch- und französischsprachigen Ausland, die hier Erst- oder Zweitwohnsitze haben, zudem Beschäftigte internationaler Organisationen. Außerdem strömen hier jeden Tag sehr viele Grenzpendler aus Frankreich ein. Die Stadt liegt sehr schön an Rhone, Arve und Genfersee, letzterer mit mondäner Promenade, Luxushotels und der berühmten Fontäne. Neben prächtigen Jahrhundertwendevierteln gibt es auch eine kleine mittelalterliche Altstadt. Im Frühjahr 2019 besuche ich die prächtige Genfer Oper, deren Opernsaal jedoch in modernem Stil gehalten ist. Die Westschweiz ist autoaffiner als die deutschsprachige Schweiz. Lange war der öffentliche Verkehr in Genf weniger gut ausgebaut als der in Zürich. Mit neuen Straßenbahnen und S-Bahnlinien holt Genf jedoch in den letzten Jahren auf.

Opernhaus von Genf

80

Kanton Waadt (Vaud)

Dieser französischsprachige Kanton ist von der bevorzugten Wohnlage Genfersee geprägt. Im Kanton war ich schon mehrmals in Lausanne, in den anderen Städten jedoch erst einmal.

Top 50 Orte Schweiz/Liechtenstein

❖ **Lausanne**

Was Lausanne betrifft, waren meine Erwartungen immer besonders hoch, denn die Stadt wurde von vielen Bekannten wegen ihrer schönen Lage am Genfersee gelobt. Doch bei meinem letzten Besuch im Mai 2019, ich kam mit dem Schiff aus Frankreich, stellte sich einfach keine Lausanne-Begeisterung ein. Es war ein Regentag, die Stadt schien grau, irgendwie verbaut und uninspiriert. Vielleicht ist man hier durch die schöne Lage der Stadt schon so privilegiert, dass man meint, sich nicht mehr besonders anstrengen zu müssen.

❖ **Vevey**

Vevey ist bekannt als Sitz des Weltkonzerns Nestlé und dafür, dass Charly Chaplin hier einst wohnte. Die Promenade ist hier etwas weniger verbaut als in Montreux und die Altstadt lebendiger. Im Sommer 1992 endet für mich hier eine Radtour und mir bleibt nur wenig Zeit, die Stadt genauer zu entdecken.

❖ **Montreux**

Kommt man aus dem Bahnhof, wirken die engen Straßen-schluchten von Montreux eher abweisend. Auch sonst fehlt die Gemütlichkeit mancher deutschschweizer Städte. Sicher, die alten Luxushotels an der Promenade sind beeindruckend. Interessant auch, dass es eine Musikstadt ist, mit weltberühmtem Jazzfestival und einem Denkmal für Freddy Mercury, der hier einst ein Album aufnahm. Die landschaftliche Lage ist auch wunderschön. Geht man auf die andere Seite des Bahnhofs eine Anhöhe hoch, entdeckt man schließlich eine beschauliche, innerschweizerisch anmutende Altstadt, die mich ein wenig mit Montreux versöhnt.

Altstadt von Montreux

❖ **Yverdon-les-Bains**

Yverdon gehört zu den hübschesten Städten der Westschweiz. Hier finden sich nicht nur viele schöne alte Straßenzüge, es gibt sogar eine Burg mitten im Stadtzentrum. Leider liegt die Altstadt nicht direkt am Neuenburger See. Andererseits ist es angenehm, dass dessen Ufer weniger bebaut und durch Grünflächen charakterisiert sind. Dadurch ist Yverdon eine behagliche, gemütliche Kurstadt ohne rummelige Promenade.

82

Kanton Wallis

Flankiert im Norden und besonders im Süden von beeindruckenden Gebirgsketten konzentriert sich die Besiedelung des zweisprachigen Wallis auf das Rhônetal. Ich selbst war erst einmal im Wallis und habe dort zwei Städte besucht, Sion und Martigny.

Top 50 Orte Schweiz/Liechtenstein

❖ **Sion**

Sion ist die Hauptstadt und mit 35 000 Einwohnern größte Stadt des Wallis. Das besondere an der Stadt sind die zwei Felsen innerhalb des Stadtgebietes. Einer trägt eine Wallfahrtskirche, der andere die Ruinen eines Schlosses. Die historische Altstadt beeindruckt durch einen Stil, welcher französische und italienische Einflüsse mischt. Am weiß verputzten Rathausturm ist die große Uhr wiederum typisch schweizerisch. Weil Sion in den Nachkriegsjahrzehnten schnell wuchs, gibt es außerhalb der Innenstadt größere, teilweise raue Wohngebiete und einiges an Industrie. Das Wallis ist wirtschaftsfreundlich und nicht überall eine Puppenstube. In Sion selbst ist ein wichtiger Schweizer Fußballclub beheimatet (FC Sion).

Andere Orte

Martigny

Nach Martigny reiste ich im Mai 2019 wegen der Fondation Pierre Giannada mit ihrer beeindruckenden Kunstsammlung, darunter viele schön in einem Park arrangierte Freiluftskulpturen. Diese wurde 1978 vom Kunstmäzen Léonard Giannada (*1935) gegründet und nach seinem 1976 bei einem Flugzeugabsturz verunglückten Bruder Pierre benannt. Außer diesem Museum ist die von freistehenden Wohnblöcken im Baustil der Nachkriegsjahrzehnte geprägte Stadt architektonisch nur wenig interessant.

Fondation Pierre Giannada

84

3.10 Tessin

Das Tessin mit seiner schönen Landschaft, dem warmen Klima und der südlichen Atmosphäre und das alles im Rahmen Schweizer Perfektion, war in den 1950er Jahren eine der Traumregionen der Deutschen. Ein bisschen von Mallorca verdrängt, hat das Tessin weiterhin ein positives Image als attraktive, nicht ganz billige Feriendestination.

Top 50 Orte Schweiz/Liechtenstein

❖ **Lugano**

An kaum einem anderen Bahnhof ist die Sicht auf Stadt und Landschaft so beeindruckend wie in Lugano. Ein kleines Paradies scheint man hier vor sich zu haben, mit italienisch geprägter Altstadt mit der Kathedrale San Lorenzo, einem See mit fjordartigen Buchten und sich steil die Hügel hochziehenden Villenvierteln. Die Schweizer Perfektion wird noch von einer Standseilbahn komplettiert, welche vom hoch gelegenen Bahnhof in die Altstadt führt. Unten eine mondäne Seepromenade. Als drittgrößter Schweizer Finanzplatz ist Lugano auch eine Wirtschaftsmetropole und das Stadtgebiet hat sich weit nach Norden ausgedehnt.

❖ Bellinzona

Das zentral gelegene Bellinzona ist der wichtigste Verkehrsknotenpunkt des Tessins. Im Jahre 2000 wurden die Burgen, Festungs- und Stadtmauern von Bellinzona zur 4. UNESCO Welterbestätte der Schweiz. Das machte mich auf die nicht als Touristenziel geltende Stadt aufmerksam. Doch erst im Sommer 2020 schaffe ich es, diese Stadt zu besuchen. Ich finde eine angenehme Mittelstadt mit italienischem Ambiente vor, mit vielen atmosphärischen ruhigen Stadtplätzen und interessanten Ausblicken auf die Burgen der Stadt. Seit dem Ausbau des Gotthardbasistunnels ist man von hier erstaunlich schnell in der Deutschschweiz.

Andere Orte

Chiasso

Chiasso ist Grenzstadt zu Italien und südlichste Gemeinde der Schweiz. Erstaunlich kurz ist die Bahnfahrt von hier bis Como. Touristen bietet Chiasso eher wenig. Im Sommer 2020 besuche ich die Stadt und finde um den Bahnhof eher moderne Gebäude mit wenigen historischem Gebäude im norditalienischen Baustil, darunter die relativ große Barockkirche San Vitale.

Anhang

1. **Von mir besuchte Städte und Gemeinden nach Bundesländern**

Region	Besichtigte Städte (+ andere Orte)	Gesamtzahl der Städte	% gesehen
Wien	1	1	100
Niederösterreich	23 (+1)	76	30
Burgenland	2 (+1)	13	15
Oberösterreich	9 (+5)	32	28
Steiermark	8 (+2)	35	23
Kärnten	3 (+2)	17	18
Salzburg	6 (+2)	11	55
Tirol	9 (+3)	11	82
Vorarlberg	5 (+10)	5	100
Österreich	66 (+26)	201	33

2. Top 50 Städte in Österreich

Region	Top 50 Orte Österreich	Andere Städte im Buch
Wien (1)	Wien	-
Nieder-Österreich (10)	St. Pölten, Wiener Neustadt, Baden, Krems, Korneuburg, Klosterneuburg, Retz, Melk, Perchtoldsdorf, Mödling	7
Burgenland (2)	Eisenstadt, Neusiedl	1
Steiermark (6)	Graz, Bruck, Leoben, Kapfenberg, Feldbach, Judenburg	2
Kärnten (5)	Klagenfurt, Villach, Velden, Pörtschach, Spittal	-
Ober-Österreich (10)	Linz, Steyr, Enns, Freistadt, Gmunden, Bad Ischl, Braunau, Hallstatt, Wels, Vöcklabruck	2
Salzburg (4)	Salzburg, Zell am See, Hallein, Bad Gastein	3
Tirol (7)	Innsbruck, Hall in Tirol, Schwaz, Rattenberg, Kufstein, Kitzbühel, Reutte	4
Vorarlberg (5)	Bregenz, Feldkirch, Bludenz, Dornbirn, Bezau	1
Österreich (50)	50	20

3. Top 50 Orte Schweiz/Liechtenstein

Kanton	Top 50 Orte (Städte/Dörfer) Schweiz/Liechtenstein	Andere Städte im Buch
Zürich, Schaffhausen	ZH: Zürich, Winterthur SH: Schaffhausen, Stein am Rhein	1
Thurgau	Frauenfeld, Weinfelden, Diessenhofen, Bischofszell	1
St. Gallen Appenzell Glarus	SG: St. Gallen, Rapperswil, Altstätten, Wil, AI: Appenzell (Dorf), AR: Herisau GL: Glarus	0
Graubünden	Chur, St. Moritz, Müstair	3
Basel Aargau Solothurn	BS: Basel, Laufen AG: Aarau, Baden, Laufenburg, Zofingen, SO: Solothurn, Olten	0
Uri, Schwyz, Unterwalden, Luzern, Zug	LU: Luzern SZ: Küssnacht ZG: Zug	1
Bern	Bern, Thun, Biel, Aarberg, La Neuveville, Büren (Aare), Moutier	0
Jura, Neuenburg, Freiburg	Délémont, Neuenburg, La-Chaux-de-Fonds, Fribourg, Murten	1
Genf Waadt Wallis	Genf, Lausanne, Vevey, Montreux, Yverdon, Sion	1
Tessin	Lugano, Bellinzona	1
Liechtenstein	Vaduz	1
CH/FL	**49+1**	**10**

3. Einwohnerzahlen der 20 größten Städte Österreichs (in 1000)

	2001	2011	2020
Wien	1550	1714	1911
Graz	226	261	291
Linz	183	190	207
Salzburg	143	147	155
Innsbruck	113	120	132
Klagenfurt	90	94	101
Villach	57.5	59.3	62.9
Wels	56.5	58.6	62.5
St. Pölten	49.1	52.0	55-5
Dornbirn	42.3	45.9	49.9
Wiener Neustadt	37.6	41.3	45.8
Steyr	39.3	38.2	39.1
Feldkirch	28.6	30.9	34.2
Bregenz	26.8	27.8	29.7
Leonding	22.2	25.6	28.9
Klosterneuburg	24.8	25.8	27.5
Baden	24.5	25.1	26.0
Wolfsberg	25.3	25.0	25.0
Krems	23.7	24.0	24.9
Traun	23.5	23.7	24.8

4. Einwohnerzahlen der 15 größten Städte der Schweiz (in 1000)

	2010	2015	2020
Zürich	373	396	422
Genf	187	195	204
Basel	163	169	174
Lausanne	128	136	140
Bern	124	130	135
Winterthur	101	107	114
Luzern	77	81	83
St. Gallen	73	75	76
Lugano	54.7	63.7	62.3
Biel	51.2	53.7	55.2
Thun	42.6	43.3	43.5
Köniz	38.8	40.0	42.4
Fribourg	34.3	38.3	38.0
Schaffhausen	34.9	35.9	37.0
La-Chaux-de Fonds	37.5	39.0	36.9

Weitere Bücher des Autors zu Städten (Siehe www.bod.de)

Weg ist das Ziel
Wie ich tausendundeine Stadt in Deutschland besuchte
Books on Demand, Norderstedt 2020

Nordlichter
100 Städte in Norddeutschland, die man kennen sollte
Books on Demand, Norderstedt 2022

Zeitzeeing
100 Städte in Mittel- und Ostdeutschland, die man kennen
sollte
Books on Demand, Norderstedt 2022

Weiß-blaue Schatzkästlein
100 Städte in Bayern, die man kennen sollte
Books on Demand, Norderstedt 2022

Butterseelenallein
100 Städte in Baden-Württemberg und im Elsass, welche
man kennen sollte
Books on Demand, Norderstedt 2022

Von Kassel bis Kusel
100 Städte in Hessen, Rheinland-Pfalz und im Saarland, die
man kennen sollte
Books on Demand, Norderstedt 2022

Puppenstube und Frittenbude
100 Städte in den Beneluxländern, die man kennen sollte
Books on Demand, Norderstedt 2022